उग्रतारा

नागार्जुन

ज्येष्ठ पूर्णिमा 1911 ई. को जन्मे नागार्जुन का मूल नाम था वैद्यनाथ मिश्र। 'यात्री' नाम से मैथिली के रचनाकार। पैतृक निवास ग्राम तरौनी, जिला दरभंगा (बिहार)। संस्कृत की पारम्परिक शिक्षा अपने गाँव तरौनी और गनौली (जिला मधुबनी) एवं पचगछिया (जिला सहरसा) से। उसके बाद काशी से शास्त्री। कलकत्ता से काव्यतीर्थ (प्रथम वर्ष)। विद्यालंकार परिवेण, केलानिया (श्रीलंका) में बौद्ध दर्शन का अध्ययन एवं संस्कृत का अध्यापन। वहीं बौद्ध धर्म की दीक्षा नायक पाद धम्मानन्द से 1937 ई. के आरम्भ में ग्रहण की। 1938 ई. के मध्य लंका से वापसी। बिहार के किसान आन्दोलन में सक्रिय भागीदारी। 1939 और 1940 ई. में दो बार जेल-यात्रा। 1941 ई. में जेल से रिहाई के बाद भिक्खु परिधान का त्याग। 1948 ई. में गांधी हत्या पर 'शपथ', 'तर्पण' जैसी क्षोभ-व्यंजक कविताओं के लिए गिरफ्तार। 1 जून, 1975 ई. को सम्पूर्ण क्रान्ति आन्दोलन में रचनात्मक भूमिका के चलते गिरफ्तार और 26 मार्च 1976 को गम्भीर अस्वस्थता के कारण पटना हाईकोर्ट के निर्देश पर जेल से मुक्त। 1931 ई. में अपराजिता देवी के साथ विवाह। चार पुत्रों और दो पुत्रियों के पिता।

प्रमुख रचनाएँ : रतिनाथ की चाची, बाबा बटेसरनाथ, दुखमोचन, बलचनमा, वरुण के बेटे, नयी पौध, कुम्भीपाक, अभिनन्दन, उग्रतारा, इमरतिया, आदि (उपन्यास); युगधारा, सतरंगे पंखोंवाली, प्यासी पथरायी आँखें, तालाब की मछलियाँ, चन्दना, खिचड़ी विप्लव देखा हमने, तुमने कहा था, पुरानी जूतियों का कोरस, हजार-हजार बाँहोंवाली (कविता-संग्रह); भस्मांकुर (खंडकाव्य); चित्रा, पत्रहीन नग्न गाछ (हिन्दी में अनूदित मैथिली कविता-संग्रह); पारो (मैथिली उपन्यास); अन्नहीनम् क्रियाहीनम् (निबन्ध-संग्रह); आसमान में चन्दा तेरे (कहानी-संग्रह) तथा गीत गोविन्द, मेघदूत आदि संस्कृत कृतियों के अनुवाद। नागार्जुन रचनावली (समग्र)।

पुरस्कार व सम्मान : मैथिली काव्य-संग्रह 'पत्रहीन नग्न गाछ' के लिए साहित्य अकादेमी पुरस्कार, साहित्य अकादेमी के महत्तर सदस्य, उत्तर प्रदेश का भारत-भारती सम्मान, मध्य प्रदेश का मैथिलीशरण गुप्त सम्मान। बिहार का राजेन्द्र प्रसाद शिखर सम्मान। प. बंगाल का राहुल सम्मान।

निधन : 5 नवम्बर 1998

आवरण-चित्र : भवेश सान्याल

नागार्जुन

उग्रतारा

राजकमल पेपरबैक्स

पहला पुस्तकालय संस्करण
1963 में प्रकाशित

राजकमल पेपरबैक्स में
पहला संस्करण : 1987
छठा संस्करण : 2025

राजकमल पेपरबैक्स : उत्कृष्ट साहित्य के जनसुलभ संस्करण

राजकमल प्रकाशन प्रा.लि.
1-बी, नेताजी सुभाष मार्ग, दरियागंज
नई दिल्ली-110 002
द्वारा प्रकाशित

शाखाएँ : अशोक राजपथ, साइंस कॉलेज के सामने, पटना-800 006
पहली मंजिल, दरबारी बिल्डिंग, महात्मा गांधी मार्ग, प्रयागराज-211 001
1, अनमोल सोराबजी संतुक लेन, धोबी तलाव, मरीन लाइंस, मुम्बई-400 002
वेबसाइट : www.rajkamalprakashan.com
ई-मेल : info@rajkamalprakashan.com

बी.के. ऑफसेट
नवीन शाहदरा, दिल्ली-110 032
द्वारा मुद्रित

मूल्य : ₹199

UGRATARA
Novel by Nagarjun

ISBN : 978-81-267-1330-1

युवक-कंठ की बुलंद और भरी-भरी आवाज़ों से लाइन के क्वार्टर गूँज उठे। दोपहर का वक्त था, जाड़े का मौसम। सुहावनी धूप खुलकर फैली थी। सामने लाल ईंटोंवाली ऊँची दीवार लंबी चली गई थी।

क्वार्टर निहायत मामूली किस्म के थे, चतुर्थवर्गीय सरकारी कर्मचारियों के क्वार्टरों की अपेक्षा कहीं अधिक फीके, कहीं अधिक बेडौल।

यह जेल के सिपाहियों का निवास-स्थान था। डिस्ट्रिक्ट जेल, रतनपुर।

"गिलाफ, कटपीस, ब्लाउज़ !"—आवाज़ पिछवाड़े की तरफ से आ रही थी। फेरीवाला सामने की ओर आने ही वाला था। आवाज़ से उम्र का अंदाज़ तो लगता ही था, चेहरे का नहीं। साफ था, ग्राहकों को अपनी ओर खींचने के लिए होंठों को काफी टेढ़ा कर लिया गया है।

उगनी सामने बर्तन फैलाए, काली हथेलियों को बार-बार देखने लगी। फेरीवाले की आवाज़ कानों से होकर मन-प्राण में धँसी जा रही थी। यह बिलकुल ही नया फेरीवाला होगा। जाने क्यों इसकी स्वर-लहरी उगनी को उत्सुक बना रही है !

वह उठी, भारी पैरों से चार कदम चलके गई। टंकी की टोंटी

खोलकर हाथ धोए, जल्दी-जल्दी में आँचल से उन्हें पोंछा और अंदर आकर दीवार की ओर आधी नज़र आईने पर डाली।

दो लटें पेशानी से चिपक रही थीं। बालों के काले छल्ले चम्पई चेहरे पर बुरे नहीं लग रहे थे। वह खुद ही मन में दोहराने लगी–"गिलाफ, कटपीस, ब्लाउज़...ब्लाउज़...कटपीस, गिलाफ...ब्लाउज़... बिलाऊज़...बिला..."

अब की फेरीवाले ने भी उसके मन की आवाज़ का साथ दिया–"ब्लाउज़, कटपीस, गिलाफ़...ब्लाउज़..."

उगनी क्वार्टर की अपनी छोटी अँगनई को पार करके घेरेवाली किवाड़ों के बाहर झाँकने को हुई थी कि बाहरी चौखट की खुरदरी कील से पल्ला उलझ गया। फेरीवाले को सामने पाकर भी उसके चेहरे को वह नहीं देख पाई। पड़ोस के क्वार्टरों से निकलकर चार-पाँच औरतों ने फेरीवाले को घेर लिया था। वह सहजन के पेड़ के नीचे गट्ठर रखे बैठ गया था। वह उन्हीं औरतों को माल दिखाने लगा था। उसने उगनी की ओर बिलकुल ही नहीं देखा।

वह लेकिन उसको देखकर सन्न रह गई ! फौरन किवाड़ें बंद कर लीं और वापस कमरे के अंदर आकर तख्त पर आधी उतान लेट गई...

तो, इसने आखिर मेरा पता लगा ही लिया ! कहाँ रहा होगा इतने दिन ? भूल तो हम एक-दूसरे को सकते नहीं, मगर अब भी क्या मैं उसके लायक रह गई हूँ...

उगनी पेट पर हाथ फेरने लगी। बड़ी-बड़ी मूँछोंवाला अधेड़ सिपाही भभीखनसिंह सामने खड़ा मुस्कुराता दिखाई पड़ा। क्षण-भर के लिए उगनी ने सोचा–अंदर जो चार महीने का शिशु पल रहा है, उसकी भी मूँछें क्या ऐसी ही डरावनी होंगी ? वह भी क्या इसी तरह भारी बूटोंवाले पैर पटकता हुआ सामने आकर खड़ा हो जाया करेगा ? वह भी क्या पचास साल की उम्र तक यूँ ही कुँआरा रह जाएगा ? वह भी क्या...

बाहर से उसी तरह मोल-भाव की आवाज़ आ रही थी। उगनी को लगा, पेट में दर्द उठा है। दर्द का यह एहसास और भी बढ़ता गया क्योंकि बाहर सहजन की पतली छाँहों के तले वह नौजवान आकर बैठ गया था, उगनी अपना दिल जिसके हवाले कर चुकी थी।

फेरीवाला तो वह खास मतलब से बना है, दरअसल वह राजपूत नौजवान है। मढ़िया-सुंदरपुर का रहनेवाला कामेश्वरसिंह। वह उगनी को किसी भी हालत में छोड़ नहीं सकता।

तो, कामेश्वर क्या सचमुच उसी के लिए आया है ? क्या पता, कोई दूसरा हो। कामेश्वर तो अभी जेल से छूटा नहीं होगा। नौ महीने की सज़ा हुई थी न ?

उगनी ने उँगली पर उँगली चलाकर हिसाब लगाया...जेठ, आषाढ़, सावन, भादों, आसिन, कातिक, अगहन, और यह पूस ! कितने हुए ? हुए न आठ महीने ! कामेश्वर माघ में छूटेगा। अभी कहाँ से आया कामेश्वर ?

उगनी को लगा, किवाड़ों को बंद नहीं करेगी तो फेरीवाला अंदर आ जाएगा। फेरीवाला यानी कामेश्वर, कामेश्वर यानी फेरीवाला। दो भी हो सकते हैं और एक भी। दूसरा भी तो हो सकता है। नहीं ?...

सोचते-सोचते माथा चकराने लगा और लगा कि अधिक वह सोच भी नहीं सकेगी। सोचेगी तो माथा फट जाएगा...

पलकें झिप गईं।

जेल के दूसरे छोर पर हनुमानजी का एक मंदिर था। छोटी-सी बगीची बिलकुल पास थी। पाँच-सात पेड़ आम के थे, दो नीम के, एक आँवले का। सब्ज़ी-भाजी उगाने के लिए दो क्यारियाँ।

मंदिर का पुजारी बूढ़ा बाबाजी था, अपनी चतुराई के लिए पास-पड़ोस में काफी मशहूर। आसिन-कातिक में बहुत अच्छी रामलीला होती थी। बाकी सनीचर और मंगलवार की शाम को महावीरजी के दर्शनों के लिए थोड़े-बहुत लोग जुट जाते थे।

मंदिर से ज़रा हटकर पुराना और पक्का कुआँ था। थलकमल, रजनीगंधा, बेला और हरसिंगार के झाड़ कुएँ की जगत को घेरकर जमे थे और हरे-भरे झुरमुट अपनी गोद में उस अमृतकुंड को छिपाए हुए थे।

दोनों आमने-सामने पत्थर पर बैठे थे। लगता था, कुछ देर से बैठे हैं। उगनी की निगाहें झुकी थीं। कामेश्वर लगातार उसके चेहरे की तरफ देख रहा था।

गोल-मटोल, सुंदर मुखमंडल उतना चमक नहीं रहा था। फीकेपन की हलकी छाया उस छवि को उदास बना रही थी।... सुराहीवाली खूबसूरत गर्दन पर उगनी का वह चंद्रवदन आज उस तरह खिल नहीं रहा था।

कामेश्वर ने सोचा—कितनी मुसीबत झेलनी पड़ी है इसे ! क्या बुरा किया ? उस मुछंदर अधेड़ से शादी करके यहाँ बैठ गई, ठीक ही तो किया। और, मैं जो कुछ करने वाला हूँ, वह ठीक नहीं होगा क्या ? मैं उगनी को इस नरक से बाहर निकाल ले जाऊँगा। यह चेहरा फिर उसी तरह खिला-खिला रहेगा। पूरे चाँद पर राहु की रत्ती-भर भी परछाईं मुझे चैन नहीं लेने देगी...

उगनी की निगाहों में कातरता छलक-छलक आती थी। अपराध की भावना खुलकर उसे कामेश्वर की ओर देखने नहीं देती थी। आठ महीने बाद दोनों ने इतने निकट से एक-दूसरे को देखा था मगर उगनी की तरफ से उमंग में उतना उफान कहाँ था ! वह तो मिलना भी नहीं चाहती थी। कामेश्वर से इतनी जल्दी मुलाकात होगी, इतने पास आमने-सामने बैठना होगा, उगनी के दिमाग से इस प्रकार के खयाल बिलकुल धुल गए थे। उसने नई परिस्थिति के सामने पूरी तरह आत्मसमर्पण कर दिया था। अब वह भभीखनसिंह की घरवाली थी। लाइन के क्वार्टरों में रहनेवाले छोटी उम्र के सिपाही उसके देवर थे। ट्रंक पर लापरवाही से रखे हुए ऊनी मोज़े अब उगनी के अंदर विद्रोह नहीं जगाते थे। खूँटियों में टँगा हुआ खाकी लिबास अब उसकी निगाहों को चिढ़ाने की अपनी सामर्थ्य खो चुका था।

कामेश्वर ने कहा—"तू तो बदल गई है। कितनी हँसती थी पहले ! जेल के अंदर मैं नहीं रह पाता अगर सूनी रातों में तेरी वह खिलखिलाहट सुनाई नहीं पड़ती। बालू और कंकड़वाला जेल का खाना एक कौर भी गले से नहीं उतरता, अगर तेरी चूड़ियों की खनक कानों का साथ नहीं देती और..."

सामने से मुलायम हथेली उठी और कामेश्वर के होंठों पर पड़ी। यह उगनी की पुरानी आदत थी। कामेश्वर के होंठों पर अपनी हथेली धरके वह उसकी आँखों में झाँकती रहेगी और मुस्कुराती जाएगी और कामेश्वर को अपने मीठे बोल के लिए देर तक तरसाएगी।

उगनी की हथेली को आहिस्ता से हटाकर कामेश्वर बोला—"कुछ कहेगी भी ! अकेला मैं ही बोलता जाऊँ ?"

उगनी की आँखें गीली हो आईं; होंठों का स्पंदन भी दबा नहीं रहा। हटाई हुई हथेली को फिर से वापस लेकर कामेश्वर उसे

सहलाने लगा। क्षण-भर बाद कहा, "देख, तुझे मेरे साथ चलना होगा। मैं तेरे बिना बिलल्ला होकर कब तक मारा-मारा फिरूँ ?"

उगनी के गालों पर आँसू की रेखाएँ पश्चिम आकाश की धूमिल आभा में जगमगा उठीं। अब भी वह कुछ कह नहीं रही थी। अंदर लेकिन तूफानी बादल गड़गड़ा रहे थे। बादलों के उस गरजन में भभीखनसिंह की बड़ी-बड़ी मूँछें दिशा-निर्देश के संकेत बनकर फहरा रही थीं। वह समझ नहीं पा रही थी कि क्या कहे, क्या न कहे।

"देख, मैं सब समझता हूँ। मैंने ढेर-ढेर-सी किताबें पढ़ी हैं। मैं दो साल कलकत्ते रहा हूँ। ऐसी हालत में पड़कर लड़कियाँ क्या हो जा सकती हैं, इसका अंदाज़ा मुझको है। तुझे मैं लेने ही आया हूँ। कोई भी बहाना नहीं चलेगा। हाँ, दो-एक रोज़ की छुट्टी मिल जाएगी।"

वह उगनी की हथेली को उलटाकर दाएँ हाथ की बीचवाली अपनी तीन अँगुलियों से उसे सहला रहा था। उगनी की आँखों से अब भी आँसू बह रहे थे। इधर-उधर की ऊपरी बातें वह पहले ही कर चुकी थी। साथ चलने या न चलने के सवाल पर अपने होंठों को ज़ब्त रखना ही उसे उचित जँचा। आँचल के छोर से चेहरा पोंछकर वह बोली, "कल मंगलवार है, यहाँ होगी भीड़। अब हमारी मुलाकात परसों होगी। जिस धर्मशाला में तुम ठहरे हो, वह बहुत बदनाम है। और कुछ नहीं, चोरी होती है। कहते हैं, जब से इधर बसों का अड्डा बना है, उचक्कों की तादाद बढ़ गई है। सँभलके रहना।"

सामने सीने पर एक बटन लटक रहा था। कामेश्वर कमीज़ नहीं, कुरता पहने था। उगनी के अंदर ममता की कचोट उभरी। साँस खींचकर बोली, "हाय, मैं तुम्हारे लिए इतना भी नहीं कर सकती ! सीने पर कुरते का बटन इसी तरह झूलता रहेगा। सूत और ढीला होगा, और ढीला होगा, छोर निकल आएगा, इस बटन से भी तुम्हें छुटकारा मिल जाएगा !"

उसकी आँखें फिर सजल हो आईं। सुबुक आवाज़ में उसने कहा, "मैं यहाँ हूँ और तुम होटल में खाते हो। एक गिलास पानी तक मैं नहीं दे सकती। पिछले जनम में जाने कितने पाप किए

थे...हे गंगा मइया..."

उसने चट से अपना रुख पश्चिम की ओर कर लिया, मानो गंगा के किनारे खड़ी है। भले ही गंगा यहाँ से पंद्रह कोस पश्चिम में बहती हो, उगनी लेकिन पूर्व जन्म के अपने पापों के लिए गंगाजी से कैफियत तलब करेगी ही !

कामेश्वर ने उठते-उठते उसकी पीठ पर हाथ रखा। बोला—"पाँच साल की बच्ची नहीं हो ! क्यों इस तरह बात-बात में आँखें भिगोती हो। अगर मुझे पता होता तो तुम्हारे लिए मैं बुढ़िया का काजल लिए आता...सुना है नाम बुढ़िया के काजल का ? एक बार लगा लोगी तो हमेशा के लिए आँसू सूख जाएँगे !"

इस विनोद ने उगनी के होंठों पर मुस्कान की बुकनी छिड़क दी। आँखों का गीलापन भी होंठों को खिलने से रोक नहीं पाया।

'छिनाल बन जाऊँगी'—इसी ने कहा था न ?...भभीखनसिंह उगनी की ओर देख रहे थे और सोच रहे थे। जब कभी वे उगनी की ओर देखते हैं और फुर्सत में होते हैं तो कानों में वह बात बार-बार गूँज जाती है—'मैं छिनाल बन जाऊँगी।'

सीधा-सादा अधेड़ सिपाही सोचता है—आखिर कैसे यह बोल इसके मुँह से निकला होगा। दूसरा कोई कहता, तो शायद ही उसकी बात पर भभीखनसिंह को यकीन आता। मगर, जब इन्हीं कानों से यह बोल सुना है तो कैसे विश्वास नहीं करेंगे ?...तो, यह छिनाल बन जाती ?

आज उगनी भभीखनसिंह की निगाहों में 'खानदानी राजपूत की ज़नाना' है। उस दिन वह देहात की आवारा छोकरी थी। उस आवारा छोकरी को फिर से इज्ज़तदार घराने की मर्यादा देकर कितना बड़ा काम किया है भभीखनसिंह ने ! यह सोच-सोचकर उसका सीना फूल उठता है और हथेली की सुर्ती-चूने पर अँगूठे का वज़न कई गुना अधिक हो उठता है। अब यह अच्छे-भले मर्द के काबू में है। रामजी की मर्ज़ी होगी तो सोने जैसे बच्चे की माँ बनेगी...

ड्यूटी रात की थी, आठ बजे से। दोपहर का खाना दस बजे खा लिया था और चार-पाँच घंटे की गाढ़ी नींद ले ली थी।

अभी-अभी फाटकवाले घंटे को चार बार ठोका गया है। लगता है, जाड़े का सूरज तेज़ी से धरती की ओर लुढ़क रहा होगा। भभीखनसिंह दिसा-फराकत से निबटकर आएँगे, नहा-धोकर इसी तख्तपोश पर पालथी मारकर बैठेंगे और आधा घंटा रामायण बाँचेंगे—भाषा-टीका समेत तुलसीदासी।

उगनी कमरे की चौखट से सटकर बैठी हुई थी। सामने थाली में मसूर की दाल छितराकर कंकड़ चुन रही थी। गुलाबी चूड़ियों की खनक भभीखनसिंह के कानों को बुरी लग रही थी। मोरछाप नीले किनारोंवाली गुलाबी साड़ी उगनी के भरे-गदराए चंपई सूरत वाले शरीर पर खूब फब रही थी। थाली का गोल दायरा आँखों को बाँधे हुए था और एक-एक कंकड़ पकड़ में आ रहा था।

दो-तीन बार कंकड़ों के बदले दाल के दाने ही थाली से बाहर गिरे। अगले ही क्षण भूल का पता चल गया तो मन-ही-मन उगनी ने अपने को डाँटा और पलकें उठाकर भभीखनसिंह की ओर देखा।

वे कान पर जनेऊ लपेटकर भरा लोटा सँभाले बाहर निकलनेवाले ही थे। पीछे लौटकर अस्पष्ट शब्दों में सुर्ती भरे होंठों से बोले, "दो ठो पापड़ ज़रूर सेंक लेना !"

सिर हिलाकर उगनी ने प्रस्ताव का समर्थन किया। कल रात दाल में नमक ज़्यादा था। आज सवेरे आलू की भुजिया जल गई थी। बर्तन माँजते वक्त पतीले की किनारी से उँगली कट गई थी। नहाकर कपड़े बदल चुकी तो लगा कि दाहिनी बाँह पर बूँद-भर पानी नहीं डाला।

दरअसल उगनी को अपने-आप पर गुस्सा आ रहा था। वह झुँझला रही थी। इन चार-पाँच दिनों के अंदर कम-से-कम दस बार तो उसकी आँखें अवश्य गीली हुई होंगी। नींद का गाढ़ापन खत्म हो गया था। रात को बड़ी देर तक अनाप-शनाप सोचते-सोचते माथे की रग-रग सुस्त हो आती थी और उसके बाद कपार टनकने लगता था, फिर जैसे-तैसे पलकें झिंप जाती थीं। मगर यह तो नींद नहीं कही जाएगी।

तख्तपोश के पास स्टूल पड़ा था। स्टूल पर जर्मन-सिलवर का भरा लोटा रखा था और उसमें से खंड-आकाश की बड़ी झाँकी मिल रही थी। और, अब उसमें उगनी ने झाँका तो अंदर कामेश्वर मुस्कुरा

रहा था। सहमकर वह दो कदम पीछे हट गई, मानो आग पर पैर पड़े हों—यह कामेश्वर पिछले कई दिनों से उसका पीछा कर रहा है। उगनी को आईने से डर लगने लगा है। भरी बाल्टी की परछाईं उसे आतंकित करती है। कमरे के अंदर पुराना कैलेंडर टँगा है। एक स्वस्थ, सुंदर किसान युवक कंधे पर हल सँभाले बैलों की जोड़ी को मैदान की ओर ले जा रहा है। उसकी नाक और होंठ कामेश्वर के-से हैं। इधर बार-बार उगनी का जी करता है कि फिलहाल कैलेंडर को उलट दे।

लौकी चीरने बैठी। यह तूम्बीवाली लौकी थी। जेल के कैदियों में से जाने कौन भगत निकल आया था कि तूंबीवाली लौकी के बीज मँगवा लिए थे और अबके सब्ज़ियों के इस मौसम में लगता था जेल के बगान हरी-हरी तूंबियों से भरे पड़े हैं। पहली बार हरी तूंबी आई थी आज से पंद्रह-बीस रोज़ पहले। तब मुँह पर आँचल का पल्ला रखके उगनी देर तक हँसती रही थी। आज लेकिन इस तूंबी को देखकर वह बिलकुल नहीं हँसी। पहली बार उगनी ने हरी तूंबी देखकर सोचा था कि अच्छा है, जेल के अंदर भी भगत पैदा हो रहे हैं। चोरों और डकैतों का मन भगवान की ओर मुड़ा है, तभी तो उन्होंने तूंबी के बीज बोए थे। उस रोज़ उगनी ने सपने में देखा था कि कामेश्वर दोनों हाथों में बड़ी-बड़ी पकी तूंबी लटकाए बढ़ा आ रहा है, बिलकुल पास आकर धीमी आवाज़ में कहता है, "एक गुरु महाराज के लिए है, एक अपने लिए।" यह सपना उगनी को अच्छा नहीं लगा था। आज रात लेकिन इस तरह का सपना शायद उसे अच्छा लगे।

ऐसा न हो कि वह पापड़ सेंकना भूल जाए ! भभीखनसिंह महीने में दो बार पापड़ों की गड्डी जेल के अंदर से टपा लाते थे। सिंके हुए पापड़ तोड़-तोड़कर चबाते समय ठाकुर भभीखनसिंह की आँखें फैल-फैल जाती थीं। मन का हुलास अपनी घरवाली के सामने प्रकट किए बिना उनसे कैसे रहा जाता—मामूली पापड़ नहीं है, चंपारन से आया है। पिछली दफा उरद के बेसन का था, अबकी मूँग के बेसन का है। गोल मिर्च पड़ी है इसमें, हींग है...मँगरैला है...

'कपार है...' उगनी उस वाक्य को पहले भी इसी तरह मन-ही-मन पूरा करती थी। हाँ, पहले इसमें चुलबुलापन होता था।

आज खीज है। मगर पापड़ उसे सेंकने हैं। इतना ही ध्यान रखना है कि झुलस न जाएँ। बहुत बड़ी रकम गबन करके पोस्ट आफिस का कोई बाबू इस जेल के अंदर सज़ा काट रहा है। उसी के घर से पापड़ आते थे। पापड़ ही क्यों, अचार, मुरब्बे, अमावट, ताल-मखाना, मेवे-मिठाइयाँ...ढेर सारी चीज़ें इस बाबू के लिए बाहर से आती रहती हैं। जेलर से लेकर भंगी तक उस पतित का प्रसाद पाते हैं। उगनी इस भाग्यवान कैदी की घरवाली को पिछले महीने देख चुकी थी। गोल-मटोल चेहरेवाली नाटी-साँवली औरत। रेशम की साड़ी। कलाइयों में सोने के चार-चार छल्ले। पान से रँगे हुए पतले होंठ। जेलर ने पति-पत्नी की भेंट के लिए अंदर ही इंतज़ाम करवा दिया था। दो घंटे बाद मुस्कुराती हुई बाहर निकली थी। गेट से काफी इधर नीम की छाँह में जीप उसका इंतज़ार कर रही थी। पुलिस लाइन के क्वार्टरों के दरवाज़े फुसफुसाहट से मुखर थे। लोग उस भागवंती को देख रहे थे और उसकी बातें कर रहे थे। उसने ड्राइवर की जगह बैठे हुए अपने रिश्तेदार युवक से कहा, “बस, छः महीने और रहना है।” और रँगे हुए होंठों को चाँपकर मुसकान पर हावी हो गई थी...उगनी को यकीन ही नहीं आ रहा था कि सोने की चूड़ियोंवाले उन्हीं हाथों ने ये पापड़ बेले होंगे।

कोयला सुलगाकर बाल्टीवाली अँगीठी दरवाज़े से बाहर गली में रख आई थी। सभी ऐसा करते थे। पास-पड़ोस के कमरों में जब बहुत अधिक धुआँ भर गया तो अँगीठियों को हँसी आ गई और उनके चेहरे लाल हो उठे। सवेरे और साँझ का यह नज़ारा अब किसी को अखरता नहीं था। जितने दरवाज़े उतनी अँगीठियाँ। कतारों में बैठकर उनका यों मुस्कुराना बड़ा ही आकर्षक लगता था।

भभीखनसिंह दिसा-फराकत से देर में लौटे। हाथ धोकर गली के नुक्कड़ पर नल के नीचे नहाने बैठ गए। यह नहाना-धोना ठाकुर का बारहों महीने लगा ही रहता था। जाड़ा हो चाहे गर्मी, भभीखनसिंह अपने बदन पर चार-छः बड़ी बाल्टी ज़रूर उँड़ेलेंगे। नहाने का उनका प्रोग्राम कभी फेल नहीं होता। उनका कहना था, “जिस रोज़ नहाने को नहीं मिलेगा, उसी रोज़ मेरे लिए राम नाम सत्य होगा !...” उगनी को ठाकुर का ऐसा कहना अच्छा नहीं लगता था। कई बार इसके लिए वह उन्हें डाँट चुकी है।

आमने-सामने दो बड़े-बड़े हॉलनुमा घर थे, लंबी सीखचोंवाले फैले-फैले जंगले उन्हें पिजड़ों का आकार प्रदान कर रहे थे। अंदर पक्का फर्श था, ऊपर खपरैल।

ऊँची दीवार के किनारे-किनारे छोटी कोठरियों की कतारें चली गई थीं। बीच-बीच में पीपल और नीम के छायादार दरख्त थे। एक ओर हटकर छोटी दीवारों से घिरा हुआ किचन और उसका आँगन था।

यह जिला रतनपुर का जेलखाना था। चारों तरफ लाल ईंटों की ऊँची दीवारें उसे घेरे हुए थीं। पूरब की ओर लम्बा-चौड़ा गेट था। गेट के अंदर दोनों ओर जेल के दफ्तर थे। ज़रा अन्दर स्टोर रूम, गोदाम आदि थे।

भभीखनसिंह पाँच मिनट पहले ही गेट के अंदर आ गए। छोटे बाबू ने उनसे मखौल किया—"खिज़ाब की डिबिया मिलती है, ले क्यों नहीं आते बाज़ार से ?"

इस पर भभीखनसिंह खिलखिलाकर हँसने लगे। हल्की गुदगुदी से पेट फूलने लगा तो बेल्ट की तंगी खली। बोले—"खिज़ाब तो यहाँ रखा है बाबूजी !"—दिल की ओर उँगली करके इशारा किया—"बाहरवाला रंग पक्का नहीं होता है।"

छोटे बाबू पिन से दाँत खोदने लगा। महीन मूँछों में मुस्कुराता हुआ पुराने जमादार ठाकुर भभीखनसिंह की निगाहों को तोलने लगा। सीधे-सपाट आदमी मज़ाक-मखौल भी ठिकाने से समझ नहीं पाते और कभी-कभी पासा उलटा पड़ जाता है...

"एकाध बार देहात घुमा लाइए घरवाली को। देस-कोस चीन्हेगी तो और भी मन लगेगा। जितना अधिक मन लगेगा, आपकी उतनी ही अधिक सेवा करेगी।"

"खूब मन लगता है बाबूजी उसका, बड़ी सेवा करती है। पीहर-ननिहाल का झमेला नहीं रहने से बिलकुल एकमुँहा रुख है..."

यह छोटे बाबू उम्र में भी छोटे थे। दाढ़ी सफाचट, मूँछें बिलकुल महीन, होंठों की कगारों पर काली लकीर-सी भभीखनसिंह का भरा-भरा-सा मुछंदर चेहरा उसे खुलकर बातें नहीं कहने दे रहा था। भभीखनसिंह ने शादी नई-नई ज़रूर की थी मगर आयु में छोटे बाबू का बाप जैसा लगता था। यह दूसरी बात थी कि उगनी हू-ब-हू छोटे बाबू की साली-जैसी दीखती थी।

रजिस्टर के अंदर कलम जमाते हुए छोटे बाबू ने उगनी की शक्ल को अपने ध्यान में जमाया और निगाहों को बिना ऊपर उठाए ही बोल गया—"एकमुँहा रुख खतरनाक होता है बाबू भभीखनसिंह ! आप ऐसा कीजिए कि महीने-दो महीने की छुट्टी लीजिए और उन्हें गंगासागर घुमा लाइए। बेचारी कहाँ देखेगी कलकत्ता-फलकत्ता !"

बगल में मूठवाली लाठी सँभाले भभीखनसिंह दफ्तर से निकलकर अंदर जेल के भीतरी फाटक की ओर बढ़े। बूटों की आहट से छोटे बाबू को लगा कि वे अपनी घरवाली को गंगासागर नहीं ले जाएँगे। तब उसे वह मुहावरा याद आया होगा—'मन चंगा तो कठौती में गंगा' और वह मुस्कुराया होगा।

जिसकी ड्यूटी खत्म हो रही थी उससे चाबियों का गुच्छा लिया और सुरती फटकारते हुए आगे बढ़े।

ज़रा आगे बढ़ते ही पाकड़ का वह नौजवान पेड़ सामने आया, जिसकी छाँह में बैठकर कैदी लोग कीर्तन किया करते थे।

साल-दो साल के अंदर ही उस पेड़ के इर्द-गिर्द सीमेंट का चबूतरा तैयार हो जाएगा। फिर रात की ड्यूटियों में सिपाही उस पर

बैठकर अपनी थकान मिटाया करेंगे, दोहों और चौपाइयों से पाकड़ की एक-एक टहनी में पुलकन पैदा होगी। इन दिनों सवेरे की गुलाबी धूप में चंपारनवाला वह बाबू तेल की मालिश करवाता है... भभीखनसिंह को लगा कि चलकर पहले उसी बाबू से मिलना चाहिए।

यह भाग्यवान कैदी छोकरा वार्ड में रखा गया। 'बी' डिवीज़न की सारी सुविधाएँ तो उसे हासिल थीं ही, अपनी चतुराई के चलते वह 'ए' क्लास की ज़िंदगी बिता रहा था।

तख़्तपोश पर मसहरी टँग गई थी। लालटेन के प्रकाश में समूचा कमरा आलोकित था। आसन पर पालथी मारकर वह खाना खा रहा था।

"नमस्ते बाबू, क्या सब्ज़ी बनी है ?"

"आलू-गोभी..." दो शब्द आगे निकले, पीछे निकली खिलखिलाहट। खिलखिलाकर उसका वह हँसना भभीखनसिंह को बड़ा अच्छा लगता था। गोल-मटोल चेहरे की खूबसूरत नली में से होकर हँसी जब बाहर निकलती थी तो सुननेवालों को बड़ी लहरदार मालूम होती थी। इत्मीनान से कश खींचने पर छोटा हुक्का कितना अच्छा गुड़गुड़ाता है।

"भिंडी की भुँजिया भी तो है।" रसोइए ने कहा। यह रसोइया भी क़ैदी था और बाबू साहब की सेवा में बड़े जमादार की तरफ से नियुक्त था। उसको नौ बजे की छुट्टी मिली हुई थी। सारे क़ैदी सात बजे हॉलों के अंदर आ जाते थे और दो बार गिनती मिलाकर लोहे के जंगलेनुमा दरवाज़ों में ताले लगा दिए जाते थे। बाबू का रसोइया आगे बढ़ आया, रंगीन कागज़ में लिपटी हुई कोई चौकोर टिकिया उसने सिपाहीजी की तरफ बढ़ाई।

सिपाहीजी ने कागज़ खोलकर देखा और वापस लौटाते हुए हँसे—"धत्तेरे की, हम क्या कोई छोकरा हैं रे ? हमको पेड़ा काहे थमाता है ?"

रसोइया सकपका गया, कागज़ समेट टिकिया वापस लेकर पीछे हटा। बाबू अनुरोध के स्वर में खी-खी करके उधर से बोला—"मदरास की मिठाई है सिपाहीजी ! ले जाइए, घर में दीजिएगा..."

बायाँ हाथ मूँछों पर था, दाएँ हाथ से लाठी ठोककर

भभीखनसिंह बोले—"हमको पेड़ा-फेड़ा नहीं चाहिए, बस, महीने में दस ठो पापड़ जरूर चाहिए, समझा बाबूजी ?"

खी-खी-खी-खी...बाबूजी को दूसरे का दिल पढ़ने की विद्या बहुत अच्छी तरह आती है। अंदर-ही-अंदर इस भाग्यवान कैदी को उस सीधे सिपाही पर दया आई। मन में कहा—'यह आदमी जिंदगी-भर गरीब बना रहेगा। दूसरों की दी हुई चीज़ें लेने में इतनी हिचक काहे की ? इसी लेन-देन पर तो दुनिया टिकी है। कोई आपको कुछ दे रहा है, आप नहीं लेते हैं, मुँह टेढ़ा करके उसकी तरफ देखते हैं, इससे उसके दिल को कितनी चोट लगती है ? पापड़ लेते ही हैं, पेड़े में क्या रखा है ? हाथ तो आपका पकता नहीं ?'

सिपाहीजी छोकरा वार्ड के दूसरे छोर पर पहुँचे। जेल के अधिकारियों ने हाल ही में बिजली लगवाई है। अब रात की ड्यूटी में डेढ़ सेर की वज़नवाली वह पुरानी लालटेन नहीं ढोनी पड़ती है। पहले संतरियों के दोनों हाथ फँसे रहते थे।

इस छोर पर मामूली ढंग का कमरा था। इन दिनों उसमें तीन छोकरे थे। एक गिरहकटी में पकड़ा गया था, दूसरा मालगाड़ी से कोयला गिराने में उस्ताद था और तीसरा छिनाल। बूटों की आहट पाते ही पटापट उन्होंने अपनी बीड़ियाँ बुझा दीं और होशियार हो गए। उनमें से एक इधर आकर सीखचों से सटकर खड़ा हो गया। ओट में से बाहर पहले परछाईं आगे बढ़ी, फिर सिपाहीजी नज़र आए।

"सलाम सिपाहीजी।"

"यहाँ क्यों खड़ा है रे ?"

"क्या करें सिपाहीजी, नींद नहीं आती।"

सिपाहीजी भी दरवाज़े का एक डंडा पकड़के खड़े हो गए। 'पिच' से होंठों की सुर्ती फेंकी। चालीस यूनिट का बल्ब सामने जल रहा था। बड़ी-बड़ी मूँछों को बिलकुल करीब पाकर छोकरे ने अपनापन महसूस किया और आहिस्ता से बोला—"बिलकुल ऐसी ही मूँछें मेरे नाना की भी थीं !"

सिपाहीजी की भौंहें कड़ी हो गईं। छोकरे ने कहा—"नहीं सिपाहीजी, झूठ नहीं कहता हूँ ! अपनी कसम सिपाहीजी, मेरा नाना फौज में रह चुका था..."

फौज की बात से इतना ज़रूर हुआ कि भभीखनसिंह को तसल्ली हुई, उन्होंने छोकरे के बयान को सही मान लिया।

"इसकी महतारी बीमार है, आज ही चिट्ठी आई है।"

बैठे हुए छोकरों में से एक और उठकर इधर आ गया। उसने पहले छोकरे के कंधे पर हाथ रखकर पूछा—"तेरी माँ तो पहले भी बीमार पड़ी थी न ?"

भभीखनसिंह ने इस पर कहा—"ये औरतें बड़ी बीमार पड़ती हैं, इनको कुछ-न-कुछ लगा रहता है...मेरी भी माँ हमेशा बीमार रहती थीं। लगता है, घरवाली भी बीमार पड़ेगी। चार दिन से सुस्त नज़र आती है..."

सीखचों से सटकर दो नौजवान खड़े थे। आधी बाँह के धारीदार कुरते, वैसा ही धारीदार निकर। एक साँवला, दूसरा खुलते रंग का। एक की आँखें छोटी-छोटी, दूसरे की बड़ी-बड़ी।

भभीखनसिंह ने उनसे पूछा—"तुम्हारे तीसरे साथी को क्या हुआ है ? वह बीमार है क्या ?"

नाखून से नाखून का मैल निकालते हुए दूसरे ने कहा—"उसकी खेत में काम करने की आदत नहीं है सिपाहीजी ! पिछले चार दिनों से उसके हाथों में कुदाल-ही-कुदाल रही है। देखिएगा बेचारे का हाथ ?"

सुर्ती थूककर सिपाहीजी आगे चल पड़े, कुछ कहा नहीं। पीछ से साँवले छोकरे ने कहा—"परनाम सिपाहीजी !"

प्रणाम की ध्वनि सन्नाटे में डूब गई, जवाब में एक भी शब्द वापस नहीं आया।

आगे जनरल वार्ड था। उधर कोने में जनाना वार्ड। कोने के इस ओर मुड़ने में वह कंपाउंड पड़ता था जहाँ बीमार कैदियों की चिकित्सा होती थी।

राउंड में दो सिपाही हुआ करते थे। एक इधर से, दूसरा उधर से। दोनों बीच में जनरल वार्ड के करीब कहीं मिलते थे। रात की ड्यूटी में पहली राउंड के वक्त जनरल वार्ड के दोनों हॉल गुंजान रहते थे। आधे लेटे, एक-दूसरे से सटे हुए कैदी दुखः-सुख की आपसी बातों में लवलीन देखे जाते थे। दस-बीस सिलेटों पर खड़िया-पेंसिल चलती रहती थीं। कहीं पर 'सारंगा सदाबृज', कहीं पर 'लोरिक

उदयभान' और कहीं पर फिल्मी धुन। कहीं एक कहानी सुनाता होता, पाँच जने उसे घेरकर सुनते होते...

भभीखनसिंह जनरल वार्ड के पहले छोर पर पहुँचे। पीछे से आवाज़ आई—"परनाम बाबा !"

चार कदम पीछे हटकर उन्होंने बड़े जंगले के पास खड़े हुए सामने अंदरवाले अधेड़ कैदी से पूछा—"क्या समाचार है जी ? कब छूट रहे हो ? सुना है कि अगले महीने तुम्हारी रिहाई होनेवाली है। चिट्ठी-उट्ठी कोई आई है ?"

लोहे की बड़ी-बड़ी सलाखें जमी थीं। पकी मूँछोंवाला एक साँवला ठिगना कैदी दो सलाखों को पकड़े खड़ा था। उसने कहा—"महीना पीछे या महीना बाद छूटना होगा ही। जेल के अंदर इतने सखा-सँघाती हो गए हैं कि बाहर अब मुश्किल से ही जी लगेगा। माल-मवेशी भी बथान बदलने से घबराता है। सात साल रह गए न इस दुनिया में ?"

लाठी के सहारे खड़े होकर भभीखनसिंह कैदी की बातें सुन रहे थे। सोच रहे थे, ज़रूर यह फिर से वापस जेल के अंदर आ जाएगा। जेल की भी दुनिया निराली होती है। चार-छह साल अंदर रह जाओ, बाहर निकलने का मन ही नहीं करेगा...

सिपाहीजी ने हाफपैंट की पाकेट से तंबाकू की पत्ती का टुकड़ा निकाला, दाहिनी हथेली पर रखकर उसे खोदने लगे तो कैदी ने आहिस्ता से फुसफुसाकर कहा—"बाबा, मेरे लिए भी !"

इस पर सिपाही ने ज़रा-सा टुकड़ा पाकेट से फिर निकाला। इतने में सामने से दूसरा सिपाही इधर बढ़ता हुआ नज़र आया। कैदी ने कहा—"यह लीजिए, तिवारी बाबा भी आ ही गए !"

पास आकर दूसरा सिपाही भी उसी मुद्रा में खड़ा हो गया। भभीखनसिंह ने पूछा—"तुम्हारे लिए भी बनाऊँ।"

तिवारी ने निचले होंठ को आगे बढ़ाकर अस्पष्ट शब्दों में कहा—"सुरती अभी-अभी फाँकी है।"

"अजी, आज डंडा-बेड़ी किसको पड़ी है ? तुम इधर सेल की तरफ गए थे ?"

सिपाही रामफल तिवारी ने कहा—"वही बदमशवा है न ? रूपनगरवाला ! बड़े जमादार को गालियाँ दी थीं।"

इस पर सामने खड़ा अधेड़ कैदी भभाकर हँसा।

तिवारी ने सुर्ती थूककर कहा—"नंबरी है। कोई भी कुकर्म उससे छूटा नहीं होगा। एक गंदी मछली समूचे तालाब को खराब करती है। साला कई बार पकड़ा गया है।"

दाँत किटकिटाकर भभीखनसिंह बोले—"डंडा-बेड़ी से क्या होगा, लोहा गरमाके देह दाग दो, तभी खचरा रास्ते पर आएगा...।"

कैदी गंभीर होकर कहने लगा—"बीमारी का इलाज चाहती है बाबा ! डंडा-बेड़ी से या देह दागने से तो उसका मन और भी जिद पकड़ लेगा !"

जोरों से खैनी मसलते हुए भभीखनसिंह ने कहा—"तुम नहीं जानते हो ! तेरहवीं विद्या सबसे बड़ी विद्या है। चार डंडे पड़ेंगे तो होश ठिकाने आ जाएगा। भूत का इलाज पिटाई से बढ़कर और क्या है ? अवगुन भी तो एक किसम का भूत ही है न ?"

लगा कि इस पर सभी सहमत थे। कोई कुछ नहीं बोला। कैदी की हथेली पर चुटकी-भर सुरती थमाकर सिपाहीजी आगे बढ़े।

इस अधेड़ कैदी को भभीखनसिंह बहुत मानते थे। ज़मीन की बेदखली के खिलाफ उसने जमकर लड़ाई लड़ी थी। भूदान में मिली हुई ऊबड़-खाबड़ जंगली ज़मीन को उसने खेती के लायक बना लिया तो पुराने भूदानी की लार टपकने लगी। फिर से कहीं अलग रद्दी ज़मीन देकर वे उससे अच्छी ज़मीन छीनना चाहते थे। मार-पीट हुई, गँड़ासा चल गया। भूदानी बाबू के आदमियों में से एक को इतना गहरा घाव लगा कि अस्पताल पहुँचते-पहुँचते बेचारे के प्राण-पखेरू उड़ गए। मुकदमा चला, इसे नौ वर्ष की सज़ा हुई।

भभीखनसिंह के पैर तो ज़रूर आगे बढ़ रहे थे, मन लेकिन उसी कैदी के साथ था। सोच रहे थे—वह नहीं मानेगा। ज़रूरत पड़ी तो फिर गँड़ासा उठा लेगा। भला यह भी कोई कायदे की बात हुई ? आपने ज़मीन रद्दी-फद्दी जानकर विनोबा बाबा को दान कर दी और भूदान कमेटी ने उस ज़मीन को जीतन के हवाले किया। लिखा-पढ़ी पक्की हुई। जीतन ने हड्डी-तोड़ मेहनत की और उस ज़मीन को सोने का टुकड़ा बना लिया। तो अब आपके मुँह से लार क्यों टपकती है ? यह आदत बहुत खराब है बाबू साहब, रद्दी-फद्दी औरों के लिए, माल-टाल अपने लिए...बड़े लोगों की

नीयत इतनी छोटी क्यों होती है ?

दाहिने पैर का बूट रोड़े में टकराया तो सिपाहीजी का ध्यान भंग हुआ। ठेकेदार के लिए एक वजनदार गाली मुँह से निकली और सुरती थूककर बेल्ट को फिर से एडजस्ट किया। बड़ी नफरत है भभीखनसिंह को ठेकेदारों के प्रति। उनकी समझ में नहीं आता कि सरकार आँख-कान मूँदकर कैसे यह सब बर्दाश्त करती है। जेल के अंदर सभी रास्ते कंकरीटवाले नहीं हैं। जनरल वार्ड से जनाना वार्ड की तरफ जो रास्ता गया है उसकी हालत अच्छी नहीं है। अस्पताल का पलस्तर तीन ही साल के अंदर झड़ने लगा है। बारह हिस्सा बालू और चार हिस्सा सीमेंट मिलाएगा तो यही न होगा !...

जनाना वार्ड में छोटे-छोटे तीन कमरे थे। पहला खाली था, बाकी कमरों में पाँच-छह औरतें थीं। इन महिला कैदियों में से भभीखनसिंह की दिलचस्पी एक ही की तरफ थी।

वह अपने पति की हत्या करके आई थी। सेंट्रल जेल भेजी जानेवाली थी। पतली-छरहरी। साँवली। बड़ी-बड़ी आँखें। नुकीली नाक। जिसका ऐसा लुभावना चेहरा होगा, कैसे वह किसी मर्द के प्राण लेगी। भभीखनसिंह ने छोटे बाबू से पूछकर मालूम किया था कि वह अपने पति की हत्या के अपराध में दस साल जेल काटेगी। औरत होने का ही फायदा मिला है कि फाँसी पर नहीं लटकी।

सिपाहीजी ने कई बार कोशिश की मगर वह उनकी तरफ रुख करके ठिकाने से कभी बैठी तक नहीं। शायद कोई छोकरा सिपाही ड्यूटी में आता और रात का वक्त होता तो उसके सामने खुलती। मगर नहीं, उसके सामने भी नहीं खुलती शायद। क्या कभी एक बार भी पलकें उठाकर इसने भभीखनसिंह की ओर देखा है ? क्या कभी जंगले से सटकर सीखचों के सहारे खड़ी हुई है ?

उम्र तो पच्चीस-छब्बीस से ज़्यादा तो क्या रही होगी ! लेकिन उम्र से क्या आता-जाता है। पहले मिजाज का तो पता चले... सिपाहीजी ने अपने को सँभाला और अगले कमरों के छोर तक जाकर वापस आए और पहले कमरे के सामने ठिठककर खड़े हो गए...आहिस्ता से सीखचोंवाले दरवाज़े के पास आ गए। मोटी, लंबी दो सलाखों को दोनों हाथों से थामे और लाठी को बगल में दबाए खड़े हुए। सामने ऊपर चालीस यूनिट का वैसा ही बल्ब प्रकाश

बिखेर रहा था। भभीखनसिंह ने अपनी परछाईं पर निगाहें जमा दीं। पगड़ी की झालरें फटी-फटी बारीक रेखाओं में अच्छी तरह प्रतिबिंबित थीं—

(यहीं पहली बार मैंने उगनी को देखा था। दो हफ्ते बाद रात की ड्यूटी मिली थी। चर्चा लेकिन इन कानों तक पहले ही पहुँच गई थी कि कोई खूबसूरत लड़की जनाना वार्ड में आई है...महीने-भर की सादी सज़ा थी। पंद्रह-सोलह दिन गुजर चुके थे। चार-छह रोज़ और गुजर गए, मगर उगनी ने मेरी तरफ नहीं देखा। इस ओर पहली दीवार से सटकर लेटी रहती थी। छत की कड़ियों को टुकुर-टुकुर देखने में जाने मन को कौन-सा स्वाद मिलता था।

(जनाना वार्ड की कैदी महिला वार्डन ने बतलाया था—वह भागके आई है। जिसके साथ भागी थी उसको नौ महीने की सज़ा देकर गंगा के उस पार किसी जेल में भेज दिया गया है। बेचारी घर तो वापस जा सकती नहीं, रिहाई के बाद जाने कहाँ-कहाँ भटकना पड़ेगा !

(मेरे मन ने तभी कहा था, भटकना क्यों पड़ेगा ? जब तक चाहेगी, भभीखनसिंह अपने पास रहने देंगे...बेटी-भतीजी नहीं रहती हैं साथ ?

(लेकिन उगनी की ठसक भी कमाल की थी। हिकारत की निगाह से एक बार देख लिया तो उसकी वह सूरत ज़िंदगी-भर मैं नहीं भूलता।

(आम तौर से जेलों पर जनाना वार्ड की अंदरूनी देखभाल की जिम्मेवादी महिला कैदी वार्डरों की रहती है लेकिन यह तो बहुत छोटा जिला है न ! इसकी जेल भी बहुत छोटी है। कभी-कभी जनाना वार्ड के अंदर गिलहरियों के अलावा और कोई नहीं दीखता। कभी-कभी दो ही एक औरत सज़ा काट रही होती है। कभी-कभी देख-रेख के लिए जनाना वार्डर नहीं भी होती है। जनाना-मर्दाना वार्डों के अलगाव का यह खटराग सेंट्रल जेलों में तो निभ जाता है, छोटी जेलों के अधिकारी इस झमेले को सँभाल नहीं पाते। नतीजा होता है यही कि मेरे जैसे भगत सिपाही को जनाना कैदियों की देखभाल के लिए आगे कर देते हैं। आगे चलकर इस तरह की ड्यूटी के लिए किसी भभीखनसिंह की ज़रूरत नहीं पड़ेगी। सारा काम

कुत्ता सँभाल लेगा। फर्श, फर्नीचर और कपड़ा सूँघकर ससुरा अपराधी को पकड़ लेता है; जेल के पहरे में क्या रखा है ?

(उगनी अंदर थी तो महिला कैदी वार्डर हफ्ते-भर के लिए बीमार पड़ी, उसे दस-बारह रोज़ अस्पताली वार्ड में रहना पड़ा। उसने पहले ही कहा था : सिपाहीजी, यह जो नई छोकरी आई है उसका आगे-पीछे कोई नहीं है। बिलकुल उड़ाऊ माल है, जिसकी डाल में घोंसला होगा उसी पेड़ के हवाले कर देगी अपने को...तभी से मेरे मन में आशा का अंकुर उगा।

(रात के बाद रात गुजरती गई और मेरे अरमान बढ़ते गए। उगनी ने अपना रुख नहीं बदला। पीछे मेरी तरफ एकाध बार देख ज़रूर लेती थी, बोलती नहीं थी लेकिन। दरअस्ल यह उगनी का कसूर नहीं था, उम्र का कसूर था। अकड़ नहीं हो तो जवानी क्या ? इस उम्र में कब, क्यों और कहाँ तुम किसी पर रंज हो उठोगे या खुश हो जाओगे, बतलाना मुश्किल है। जवानी खुद ही अपने-आपमें बहुत बड़ी पूँजी होती है। इस पूँजी का मालिक उमंग में आकर किसी के पीछे अपने को लुटा भी दे सकता है, और उसे धक्के देकर निकाल भी सकता है। जी में आएगा तो तुमको अपने कंधों पर बैठाकर नाचता फिरेगा, जी में आएगा तो तुमको छुरा मार देगा... भई, मुझको तो जवान छोकरों और छोकरियों से बड़ा डर लगता है...)

सर्राटे से दो बड़ी चमगादड़ें सीखचों से होकर बाहर निकल गईं। सिपाहीजी को लगा, अपने घरवाले को यमलोक पहुँचाकर कैद की सज़ा भुगतनेवाली वह साँवली औरत एकटक छत की ओर देख रही है। शायद उसी डायन की पैनी निगाहों से घबड़ाकर चमगादड़ें भागी हैं ! अच्छा है कि वह मेरी ओर कभी न देखे।

लाठी का लोहे से मढ़ा हुआ वजनदार निचला छोर ठन से बोला और लाठी के साथ भभीखनसिंह आगे बढ़ गए। लाठी की उठती-पड़ती टनकारें बूटों की आहट में मिलकर ताल देने लगीं तो उधर से दूसरे सिपाही की लाठी भी ठनक उठी। ताल में बँधी हुई ठनकारों के जवाब में बाहर जेलर का कुत्ता गुर्रा उठा।

दो राउंड लगाकर दोनों सिपाही अस्पताली वार्ड के पास उस चबूतरे पर बैठ गए, जहाँ बाहर के बुढ़ऊ पंडितजी आकर महीने में

दो बार रामायण बाँचते थे। जनरल वार्ड में कोई बिरहा गा रहा था। ऊँची दीवार के उस पार मैदान में लकड़ी चीरने का कारखाना था। बिजली की मशीन पर साखू का मोटा और लंबा लट्ठ चीरा जा रहा है, आरी की सर्राहट बतला रही थी।

उजले झाग से भरा हुआ आधा चेहरा। शीशे के अंदर आप ही अपने को देखना व्यक्ति के लिए भारी कौतुक होता है। मगर निगाहों में गंभीरता आकर इस तरह जम गई है कि रगों का तनाव कम नहीं हो रहा था। और वक्त होता तो वह अब तक कई बार मुस्कुरा चुका होता। भौंहें कड़ी करके, नथनों को फुलाके खुद ही अपने को चिढ़ाया होता। अभी लेकिन अच्छी तरह आईने की ओर देख भी कहाँ रहा है !

पिछले पाँच-सात दिनों के अंदर कामेश्वर ने मूँछें उगा ली थीं। उगनी को बिना मूँछों का चेहरा अच्छा नहीं लगता था। इस समय शेव करते-करते बार-बार उगनी आ रही थी निगाहों में। लगता था, छोटा-सा चौकोर आईना उगनी के सुंदर मुखमंडल के प्रति न्याय नहीं कर सकेगा। बार-बार कामेश्वर की पलकें बंद होती थीं और अंदर की आँखों के सामने वही प्रफुल्ल चेहरा आ जाता था...

जल्दी-जल्दी शेव करके कामेश्वर धर्मशाला के कुएँ पर से नहा आया। चारों ओर कमरे, बीच में बहुत बड़ा आँगन। आड़े-तिरछे पतले तार टँगे थे मुसाफिरों की सुविधा के लिए कि वे आसानी से कपड़े फैलाएँ। कामेश्वर ने गीली धोती फैलाई। तौलिया फैलाते वक्त नीचे अपनी परछाईं पर दृष्टि पड़ी, लगा कि अब वह लंबा नहीं

रह गया।

परछाईं पर पैर रखता हुआ आगे बढ़ आया। भूख लग आई थी।

धर्मशाला के बरामदों पर चारों ओर नए कलेंडर टँग गए थे। दिसंबर का अंत था न? इस विज्ञापनबाजी के लिए छोटी हैसियतवाले ट्रेवलिंग एजेंटों ने धर्मशाला के निचले कर्मचारी को कैसे राजी कर लिया था, यह सोचकर कामेश्वर को फिर हँसी आ गई। इन्हीं कलेंडरों में एक था 'बापू राष्ट्रीय भोजनालय' वाला तीनरंगा कलेंडर। हाथ में लड्डू लिए बाल-गोपाल घुटनों के बल आगे सरकने की मुद्रा में यशोदाजी को देख रहे थे। चित्र ही ऐसा था कि भूखे को और भी भूख लग आती थी। स्थानीय होटल वाले इस कलेंडर के नीचे हाथ की लिखावट में ही एक वाक्य था—'बिलकुल करीब है।'

बिलकुल करीब है, तो फिर वहीं चलना चाहिए—कामेश्वर ने तय किया। तैंतीस नंबरवाले अपने कमरे में आकर कपड़े बदले। बालों पर कंघी फेरी। झूलते बटनवाला वह कुरता खूँटी से टँगा था। इसे देखकर उगनी की आँखें कैसे झलक आई थीं! आज वह दूसरा कुरता पहनेगा। धोती नहीं, पायजामा निकालेगा। मंगलवार है न! शाम को आज वह भी हनुमानजी का दर्शन करने जाएगा। उगनी ने कहा था, भीड़ होती है दर्शन करनेवालों की। कामेश्वर लेकिन भीड़ में शामिल नहीं होगा। अलग हटकर बैठेगा, बगीची के अंदर कलवाले पत्थर पर। अभी तो ग्यारह भी नहीं बजे हैं। अभी से क्यों हनुमानजी कामेश्वर को याद आ रहे हैं?

धर्मशाला से निकलकर वह बाहर सड़क पर आ गया। पानवाले से पूछकर उस होटल का पता लगाया; सचमुच करीब था।

सड़क के किनारे छोटा-सा खपरैल का मकान। अंदर ज़रूर काफी जगह होगी। साइनबोर्ड चटकीला नहीं था, लेकिन साफ था। नीचे बैक्रेट में था 'केवल हिंदुओं के लिए'। प्रवेश करने पर भीतरी दीवार ने इसलिए ध्यान आकृष्ट किया कि सफेदी पर नीली स्याही में तीन शब्द चमक रहे थे —'पवित्र, पुराना, निरामिष'। आगे बढ़ने पर गलियारा मिला। छोर पर सचमुच ही काफी बड़ा आँगन था, चारों ओर खपरैल कमरे थे। बरामदों पर पीढ़े फैले थे, बीसों हाथ

यांत्रिक मुस्तैदी से मुखों तक पहुँच रहे थे। पीतल की थालियों में लगता था, चमेली के सफेद-सफेद फूल खिले पड़े हैं। खुशबू इस रूप को महिमा प्रदान कर रही थी।

जूते खोलकर कामेश्वर खाली पीढ़े की ओर बढ़ा। बैठने पर महसूस किया कि यहाँ बेचारे बापू को खींचने की कोई ज़रूरत नहीं थी। बापू तो दाल-भात इस तरह बैठकर शायद ही कभी खाते हों। चित्र में बजरंगबली को देखकर उसने अपनी बाँहों की ओर निगाह डाली—बचपन में दूध-दही काफी मिला था, बनता तो देह ज़रूर बन गई होती।

और कुछ स्वादिष्ट नहीं था, चावल अवश्य खुशबूदार थे। अलग से दही मँगवा कर पेट-पूजा की पूर्णाहुति करनी पड़ी। सड़क पर वापस आकर पान की दुकान के सामने दाँत कुरेदते हुए कामेश्वर ने मन-ही-मन गाली दी—साले ने समूचा रुपया ले लिया, अब मैं अगर उस कलेंडर को फाड़ दूँ जाकर ?

रात का खाना पंजाबी होटल में खाया था, बारह आने में कितना अच्छा खिलाया था ! तंदूर की रोटियाँ तीन से ज्यादा आप ले भी तो नहीं सकते। पुजारी बाबा ने मटर-भर भंग दी थी। सारी रात सोता रहा था कामेश्वर। स्वप्न-सुख से वंचित रहने का खेद उसे अवश्य हुआ। अक्सर सपने हमें अच्छे लगते हैं। वर्ष भर की तीन सौ पैंसठ रातें अगर बिना सपनों की गुजर जाएँ तो कैसा लगेगा ? ऐसा नहीं लगेगा कि समूचा वर्ष फीका गया ? शाम को भी पुजारी बाबा उसे भंग देना चाहेंगे, लेकिन आज वह नहीं लेगा। आज वह रात-भर सपने देखेगा। कल उसने ठेठ दुपहरिया में फिल्म देखी थी। रील लंबी थी, तीन घंटे से दस-पंद्रह मिनट ज्यादा ही वक्त गया होगा। पर आज रात जो छायाचित्र देखने को मिलेंगे उनकी रील दुगनी लंबी होगा। यह कोई सेंसर की हुई, नपी-तुली, कटी-छटी फिल्म नहीं होगी, इसमें ढेर सारे इंटरवल होंगे। पात्रों की भीड़ नहीं होगी, एक ही हीरोइन रहेगी। साइडरोल में महिलाओं के और चेहरे हो सकते हैं। ज़रूरी नहीं कि सुखांत ही हो यह फिल्म। अंत में रुलाई से भी नींद टूट सकती है...

अपनी इस कल्पना पर कामेश्वर आप ही मुस्कुरा उठा और डाकखाने की ओर चला गया।

कामेश्वर की शादी बीस वर्ष की उम्र में हुई थी और छह महीने बाद ही बहू का देहांत हो गया था। बेचारी टाइफाइड का शिकार हुई। पढ़ाई छूट जाने से उन दिनों मन यूँ ही उचटा-उचटा-सा रहता था। पत्नी की मृत्यु ने उस उचाट को और गहरा बना दिया। घरवाले दूसरी, तीसरी, चौथी और पाँचवीं लड़कियों का लेखा-जोखा लेने लगे। उन लड़कियों के पिता और चाचा घिराव डालने लगे। परिवार के और पास-पड़ोस के बड़े-बूढ़े कई गुनी अधिक दिलचस्पी लेने लगे।

यह खींच-तान चार-छह साल तक चली होगी लेकिन कामेश्वर ने किसी को अपनी पीठ पर हाथ नहीं रखने दिया।

जिसकी माँग में सिंदूर भरा, वह तरुणी क्या बरसों तक दिल-दिमाग पर हावी रही ?

अपनी रुचि की क्या कोई और लड़की कामेश्वर के हृदय में प्रवेश नहीं पा सकी थी ?

छोटा-बड़ा ऐसा कोई संकल्प तो नहीं था, जिसके चलते कुछ अर्से तक वह अकेला रहना चाहता हो ?

नहीं, ऐसी कोई बात नहीं थी।

पत्नी की मृत्यु के बाद शायद ही कभी उसने शोक-प्रदर्शन का अभिनय किया हो। स्नेहिल स्वभाव की सास मिली थी। उसने कहलवाया था—"बबुआ, आगे भी तुम मुझे अपनी अम्माँ ही समझना। विधाता से तुम दोनों की जोड़ी देखी नहीं गई, इसमें मेरा क्या कसूर ? कसूर तो मेरा अब होगा, अगर सामने बैठाकर उसी तरह पंखा न झला करूँ तुमको !" अलावा अम्माँजी के, एक सलहज थी और दो सालियाँ। उनके भी लाड़-प्यार का रंग कभी फीका नहीं पड़ा। तीसरे, परिवार की एक बुढ़िया ने छोटी साली से ब्याह के प्रस्ताव का इंगित कामेश्वर तक पहुँचवाना चाहा। बात बीच में ही काट दी गई, इसलिए कि अम्माँजी को पसंद नहीं था। बड़ी साली ने तो साफ-साफ कह दिया—"एक प्रतिमा की जगह दूसरी प्रतिमा मूर्तिकार ही बैठाते हैं। जीजा और साली के रिश्ते की भी आखिर कोई मर्यादा होती है न ? हमारी बहन का खाली आसन किसी और लड़की के लिए मुबारक हो..." कामेश्वर को उन लोगों का यह रुख अच्छा लगा था। वह उनसे वर्ष में एकाध बार मिल आता था।

छोटी भाभी कामेश्वर को बहुत मानती थी। इतना अधिक मानती थी कि बड़ी भाभी ने एक बार कहा—"दोनों पिछले जन्म की सहेलियाँ हैं। चाँदनी रात में आँगन के फर्श पर चाक से लकीरें खींचकर 'घर' बनाते हैं और घंटों 'पचीसी' खेलते हैं। जाने कौड़ी खेलने में इन्हें क्या मज़ा आता है।" बड़ी भाभी की इस बात पर माँ खिलखिला कर हँसती थीं। छोटी भाभी अपने लाड़ले देवर को बेहद प्यार देती थी, ठीक है। लेकिन उसे अपनी सीमाओं का खयाल हमेशा रहा।

मैट्रिक में फेल होने के बाद उसने तय किया था कि खेती-किसानी में भिड़ जाएगा। मैट्रिक में क्या रखा है ? बाप-दादों के खेत हैं डेढ़ सौ बीघे। आमों के बाग हैं। साखू, महुआ, शीशम, जामुन, बड़हल, तून के जंगल हैं। बड़े-बड़े दो पोखर हैं, जिनसे हर साल हज़ारों की मछलियाँ निकलती हैं। बाबूजी और चाचाजी को भी तो आखिर कोई असिस्टेंट चाहिए न ? साठ के हो चुके हैं, मन ही मन गालियाँ देते होंगे—"स्कूल-कालेज में पढ़ाओ तो हमेशा के लिए हाथ से निकल जाते हैं। माया नहीं, मोह नहीं, रत्ती-भर ममता नहीं ! इस ज़माने के लिखे-पढ़े लड़के चांडाल होते हैं। मर जाओ तो मुँह में आग देने के लिए पटना, राँची तार ठोको। दो-दो दिन तक लाश पड़ी रहे और मक्खियों का भोज हो..." इन स्थितियों की कल्पना कामेश्वर ने बार-बार की थी और मन ही मन संकल्प लिया था कि परिवार के बूढ़ों का बोझा उठाने लायक अपने को बनाएगा।

पड़ोस के गाँव में एक लायब्रेरी थी। वहाँ हज़ारों की संख्या में नए-पुराने उपन्यास तो थे ही, पाँच-सात पत्रिकाएँ भी आती थीं। वहीं, करीब में हाई स्कूल था। आठवीं से ही कामेश्वर को लायब्रेरी का चस्का लगा। मैट्रिक की परीक्षा में असफल होने का दायित्व शायद इस पुस्तकालय का भी रहा हो। 'शायद' इसलिए कि कामेश्वर का कहना था—माँ तीन महीने बीमार रहीं और चाचाजी तीर्थ यात्रा के लिए निकल गए थे। बाबूजी अकेले थे। कैसे देखा जाता उससे ? खेती-गृहस्थी के झमेले उसकी पढ़ाई चाट गए...मौका मिलते ही चट से लायब्रेरी के अंदर घुस जाना और अलमारी की ओट में स्टूल पर बैठकर घंटों गुज़ार देना। उपन्यास और उपन्यास और उपन्यास। 'आर्यावर्त' और 'आज' और 'योगी' और 'साप्ताहिक

हिंदुस्तान', 'नवनीत' और 'सरस्वती' और 'नई धारा'...'बालक', 'किशोर' और 'चंदामामा' और 'धर्मयुग'...एक और दुनिया कामेश्वर के अंदर आबाद हो गई थी, किताबी पात्रों और घटनाओं की दुनिया। अंदरवाला यह संसार कामेश्वर के लिए इतना प्रिय और ऐसा स्वाभाविक हो उठा कि परीक्षा की अपनी विफलता का दायित्व लायब्रेरी पर वह डाल ही नहीं सकता था।

कल्पना-जगत में किस प्रकार गाँव की एक बाल-विधवा आ गई और धीरे-धीरे उसका अस्तित्व किस प्रकार कामेश्वर के लिए परम सत्य हो उठा।

किस प्रकार उस असहाय युवती का मूक क्रंदन कामेश्वर के मन को मथने लगा और किस प्रकार और संकल्प उसे लेना पड़ा।

किस प्रकार सनातन रूढ़ियों की चट्टान एक सीधे-सादे ग्रामीण युवक की सहज सदिच्छाओं का सदा के लिए अंत कर देना चाहती थी और किस प्रकार कामेश्वर ने उसका प्रतिरोध किया !

किस प्रकार बुजुर्गों ने एक मामूली घटना को अपनी मूँछों का सवाल बना लिया और किस प्रकार कामेश्वर को यह चैलेंज कबूल करना पड़ा !

उग्रतारा असल नाम था, मगर इस नाम से कभी किसी ने उसको पुकारा नहीं। कम-से-कम कामेश्वर के कानों ने तो नहीं सुना। ठीक है, सभी नाम ऐसे कहाँ होते हैं जो हमारी जीभों पर आसानी से फिसल सकें। उगनी, कैसा प्यारा और छोटा-सा नाम है। शक्ल-सूरत सामने न हो, नाम ही नाम आपने सुन लिया हो, तो भी क्या कानों को गुदगुदी नहीं लगेगी ?

कामेश्वर ने उगनी को देखा तो पहले भी कई बार था लेकिन दूर-दूर से, पास आने का कोई सवाल ही नहीं उठा। सुंदरपुर-मढ़िया में एक नहीं, पच्चीस उगनियाँ थीं। नौजवान आपस में उनकी चर्चा करते थे। हर लड़की किसी-न-किसी नौजवान की बहन थी, हर नौजवान किसी-न-किसी उगनी का भाई था। उनके सुख-दुख आपस में गुँथे थे। एक के बदन पर चोट पड़ती थी तो दूसरे के बदन पर निशान उभर आते थे। इसका दिल दुखता था तो उसकी आँखें गीली हो जाती थीं। उसका जी अघाता था तो इसके रोएँ पुलकित होते थे। उगनी को अच्छा दूल्हा मिला था, नौजवानों को बड़ी खुशी हुई

थी। स्टीमर दुर्घटना में उगनी के दूल्हे का देहांत हुआ तो सुंदरपुर-मढ़िया के अनेक तरुण कई दिनों तक कराहते रहे और उस आकस्मिकता को उन्होंने गाँव के लिए किसी भारी असगुन की काली छाया घोषित किया।

कामेश्वर को भली-भाँति याद है, कैसे उगनी के दुर्भाग्य की बातें करते-करते तीन जने जाड़े की उस काली रात में दो बजे तक जागते रह गए थे। कैसे नर्मदेश्वर की भाभी ने उगनी के भविष्य के बारे में विधायक सुझाव दिए थे। कैसे संकल्प का एक नन्हा-सा बीज कामेश्वर के हृदय में तभी पड़ा था...

नर्मदेश्वर की भाभी बड़ी दिलेर नवयुवती थी। ज़्यादा तो नहीं, मैट्रिक तक पढ़ी-लिखी थी। उसके चाचा राजनीतिक पार्टी के अच्छे कार्यकर्ता थे। उन्होंने अपनी लाड़ली भतीजी के अंदर युगोचित संस्कार काफी मात्रा में डाले थे। इस नवेली भाभी की बातें अर्से तक कामेश्वर के कानों में कुलबुलाती रहीं। भाभी ने दीप्त स्वर में कहा—"सुंदरपुर-मढ़िया के नौजवान गोबर हैं, ऐसा गोबर जिस पर उँगलियाँ रखो तो काठ बनेंगे, कंडे नहीं !" नर्मदेश्वर और कामेश्वर ने पलकें झुकाकर पैनी बात की वह चाबुक झेली थी। नर्मदेश्वर ने थोड़ी देर बाद पूछ लिया—"तो भाभी, तुम्हीं बताओ न, क्या किया जाए ? इन बड़े-बूढ़ों से कैसे निबटा जाए ?"

नर्मदेश्वर की भाभी चाबुक फटकारकर अपने देवर और उसके साथियों की चेतना को झकझोर देती थी, किंतु अपना कोई निर्णय उन पर ठोकती नहीं थी। बड़ी उम्र के दो छिनाल पुरुषों की करतूतों पर प्रकाश डालते समय नर्मदेश्वर एक बार बोला था—"भाभी, पिस्तौल का लाइसेंस लेना चाहता हूँ।" इस पर वह खिलखिलाकर हँसी थी। रुककर कहा था—"पिस्तौल का क्या करोगे ? छिछोर-मन का इलाज कारतूस की पेटियों से नहीं होगा। स्त्री-पुरुषों में समान रूप से समझदारी पैदा होगी और मनोरंजन के कई और साधन निकल आएँगे, तभी व्यभिचार घटेगा। देहात में खाते-पीते परिवारों के अधेड़ भारी मुसीबत पैदा करते हैं। उगनी जैसी लड़कियों के लिए ज़्यादा संकट उन्हीं की तरफ से आता है। दूसरा संकट है डरपोक नौजवानों की छिछली सहानुभूति। इन संकटों का मुकाबला हम पिस्तौल से नहीं कर सकते..."

एक बार उसने कामेश्वर से अकेले में पूछ लिया—"कब तक अकेले रहिएगा बाबू साहेब ? शादी नहीं कीजिएगा ? अभी तो खैर दस वर्ष जवानी की उमंग में दूसरी शादी न करने का हठ भी निभा लीजिएगा, आगे चलकर आपके साथ भी वही मुहावरा जुड़ेगा कि गुड़ खाकर गुलगुले से परहेज़...झूठ कहती हूँ ?"

उगनी के बारे में कभी उसने कामेश्वर से यह नहीं कहा कि तुम विधुर हो और वह विधवा, दोनों एक-दूसरे को अपना लो। अर्से तक वह पसोपेश में रही। कामेश्वर का दिल थाहती रही, उसके साहस का अंदाज़ लेती रही। उगनी नई विधवा थी, उसकी माँ पुरानी विधवा थी। कहते हैं, दादी भी विधवा थी। कैसे वैधव्य का इतना लंबा अभिशाप उस खानदान पर पड़ा था, यह रहस्य और आश्चर्य की बात थी। मढ़िया-सुंदरपुर की खास घटनाओं में से एक यह भी थी। एक-एक बहू, एक-एक दामाद, जो गाँव के भीतरी जीवन में आके शामिल होते थे, उनके कानों तक यह विशेष घटना पहुँच ही जाती थी।

सौंदर्य से उगनी के वैधव्य का अभिशाप और भी गहन हो उठा था। नर्मदेश्वर की भाभी को जब मालूम हुआ कि लड़की ककहरा भी मुश्किल से पहचानती है तो उसे भारी परिताप हुआ। उगनी की माँ से अनुमति लेकर उसने उसके लिए वर्णमाला की रंगीन चार्ट मँगवाई।

यह भाभी उगनी की ही नहीं, बहुत सारी बहुओं-बेटियों की गुरुआइन थी। चौपाल पर बातूनी होंठ नर्मदेश्वर की भाभी को खीझ के मारे विधायिकाजी कहा करते। उसने लेकिन इस उपाधि को मुस्कुराके ही अपना लिया था। वह ऐसी विधायिका थी जिसे कभी किसी के सामने शपथ नहीं लेनी पड़ी। उसने एक बार खिलखिलाकर कहा था—"मैंने जिसके सामने शपथ ली है वह यहाँ बैठा है..." उसने माथे पर उँगली ठोक ली थी। उसकी यह मुद्रा देखकर नर्मदेश्वर और कामेश्वर हँसते-हँसते लोट-पोट हो गए थे।

उगनी ज्यादा नहीं लिख-पढ़ सकी। दस लाइन का खत लिखने में उसे एक घंटा लगता है। इसका भी श्रेय उन्हीं भाभी साहिबा को है। कामेश्वर का रोम-रोम इसके लिए भाभी का कृतज्ञ रहेगा...

भाभी के प्रति कृतज्ञ रहने के लिए क्या यही एक उपकार उसे

याद आता है ?

वस्तुतः भाभी के उपकार आधा दर्जन से कम तो क्या होंगे।

उगनी के मन से ग्लानि को धो-पोंछकर साफ कर देना क्या मामूली उपकार था ? माँ को समझा-बुझाकर लड़की को दूसरी शादी के लिए तैयार करना क्या मामूली उपकार था ? पुरानी पीढ़ी की महिलाओं के संयुक्त मोर्चे में दरार डालना क्या मामूली उपकार था ? स्वप्नदर्शी, भावुक किशोर मन को संकल्पशील दृढ़ युवक-मन में बदल देना क्या मामूली उपकार था ?...

नर्मदेश्वर की भाभी घंटों कामेश्वर के साथ रहीं—मन में छाई रहीं। डाकखाने के अंदर, काउंटर से ज़रा हटकर उसने तीन-चार चिट्ठियाँ लिखीं। लगता था, बीच-बीच में भाभी चिट्ठी पढ़ती जाती हैं। लगता था, छब्बीस वर्ष की उस भरपूर मुखर युवती का खिलखिलाना कानों को बार-बार गुदगुदा रहा है और बार-बार हिज्जे की गलतियाँ हो रही हैं।

(दुहाई भाभी अभी, परेशान मत करो।

[मैं कहाँ कुछ कर रही हूँ ?

(अभी एक चिट्ठी मुझे और लिखनी है...

[किसको लिखना है अब और ?

(तुम्हारे लाड़ले देवर को।

[तुम क्या मेरे कम लाड़ले हो ?

(देखो भाभी, मुझसे उड़ो मत !

"क्या कर रहे हैं इतनी देर से यहाँ ?"

"ओ, आप !"

कामेश्वर ने युवक की ओर मुस्कुराकर देखा। वह कमरा नं. 34 का मुसाफिर था, तार देने आया हुआ था।

मन-ही-मन भाभी को प्रणाम करके कामेश्वर युवक के साथ पोस्ट आफिस से बाहर निकल आया।

अभी-अभी घड़ियाल को दस बार ठोका गया था। जाड़े की रात। दस बजते-बजते सन्नाटा हो गया था। शहर के बाहर का यह इलाका दिन में भी गुंजान नहीं रहता था। इधर न तो रिहायशी मुहल्ले थे, न बाज़ार। हाँ, बस के अड्डे से ज़रा हटकर चार-पाँच मामूली दुकानें ज़रूर थीं। तीन दुकानें चाय की। दो होटल। पान की एक दुकान। कोयले का डिपो। दिन के वक्त एक मोची आके बैठ जाता था। यह सब लेकिन पिछले तीन वर्षों में ही हुआ था। जेल के मेन गेट से दाहिनी तरफ, दो फर्लांग हटकर बसों का यह अड्डा था। बसें ज़्यादातर दिन को ही आती-जाती थीं, रात के समय अड्डा उदास रहता था। अड्डे की मुखरता या उदासी का कोई असर जेल-गेट तक फटक नहीं पाता था। हाँ, जेल की पिछली दीवार के उस पार, मैदान में लकड़ी का एक कारखाना ज़रूर था, उससे चिराई की आवाज़ रात के सन्नाटे को चीरती हुई गेट के इधर तक पहुँचती थी।

उगनी ने उठकर आधा गिलास पानी पिया। तबीयत नहीं हुई कि स्विच ऑन करे। हाल-हाल इन क्वार्टरों में बिजली लगी थी। छिपकली की आवाज़ पर स्विच ऑन करने में आलस नहीं अनुभव होता था। बच्चों और औरतों में बिजली की रोशनी के प्रति अपार उत्साह था। उगनी लेकिन अपवाद थी। यूँ भी वह बिजली कम

जलाती थी और आज तो उसका जी ही इनकार कर रहा था।

बल्ब भक् से जल उठेगा, आईने में अपनी शक्ल खुद को ही चिढ़ाएगी। कलेंडर वाला किसान युवक शायद मुस्कुरा उठे। मोरछाप नीले किनारोंवाली गुलाबी साड़ी शायद सुलग उठे। आले में रखी बोतल का साफ तेल शायद बुलबुले छोड़ने लगे...नहीं, वह स्विच ऑन नहीं करेगी...

चौथाई गिलास पानी लेकर उसने दुबारा पिया। पीनेवाला पानी बाहर बरामदे के कोने में बाल्टी के अंदर ढका रहता था। वहीं आले पर पीतल के दो गिलास पड़े रहते थे। पीतल का एक बड़ा लोटा, जिसे भभीखनसिंह ने अयोध्या से मँगवाया था; जर्मन सिल्वर का छोटा-सा दूसरा लोटा, जिसे उगनी ने किसी फेरीवाले से खरीदा था...रात के अँधेरे में और भी बर्तन चमक रहे थे, मगर इतने नहीं कि उस चमक में अपनी परछाईं नज़र आए।

चार कदम चलकर वह आँगन के छोर तक गई। वापसी में चौखट से दाहिने पैर का अँगूठा टकरा गया। ठेस अधिक नहीं लगी। फिर भी दर्द ने थोड़ी देर के लिए उसके मन को दूसरी ओर मोड़ दिया। अब वह स्विच ऑन करेगी।

अंदर-बाहर दो ही बल्ब थे। अंदरवाला पचीस यूनिट का लट्टू जल उठा तो उगनी ने दाहिने पैर को ऊपर तख्तपोश पर टिका दिया और अँगूठे को देखने लगी। नाखून की बगल में पहली पोर से नीचे लाली बटुर आई थी...यह लाली उसे बहुत अच्छी लगी। दो मिनट तक वह अँगूठे को सहलाती रही।

दर्द कम हो गया। अँगूठे की सहज गुलाबी वापस लौट आई। अब फिर से लेट जाएगी। लिहाफ को कमर तक खींचकर लेटने को हुई कि याद आया, स्विच ऑफ नहीं किया है।

अँधेरा होते ही उगनी ने सोचा, ऐसे में नींद तो भला क्या आएगी ! सोचते-सोचते ही रात काटनी है ! कटे रात सोचते-सोचते...पेट पर हाथ फेरते-फेरते उसने महसूस किया, कल सारा दिन हल्का-हल्का दर्द उठा करेगा। बहुत परेशान तो नहीं करेगा लेकिन मन को अपने में टाँगे रहेगा। ज़ोर से दर्द उठे और थोड़ी देर बाद मिट जाए तो क्या हर्ज ?

कौन है अंदर ? लड़का है कि लड़की ? लड़की न हो तो

अच्छा। लड़की होगी तो अपनी माँ की सारी मुसीबतें लेकर डोलती फिरेगी। इसी तरह उसे भी मायके से भागना पड़ेगा। इसी तरह अँधेरी रात में उस पर भी गाँव के भले आदमी अपनी आशीष छिड़केंगे। इसी तरह न चाहने पर भी पचास साल का अधेड़ सिपाही उसे अपनी घरवाली बनाकर रखेगा। इसी तरह...

उगनी ने करवट बदल ली। बाईं बाँह पर सिर रखा, अनजाने ही दबाव की मात्रा बढ़ी। पट्ट ! गई...एक चूड़ी गई। अभी चार रोज़ पहले गुलाबी चूड़ियों के आठ छल्ले लिए थे। ठीक है, थोड़ी देर बाद दूसरी भी टूटेगी। ज़रा देर बाद तीसरी और चौथी भी टूट सकती है...क्या रखा है इन चूड़ियों में ? बरसों उगनी ने इन चूड़ियों को पास फटकने तक नहीं दिया। रत्ती-भर भी मोह नहीं रह गया है उसके मन में इन चूड़ियों के प्रति।

बिस्तर को टटोलकर उगनी ने चूड़ी के टुकड़े बटोर लिए, उन्हें साड़ी के खूँट में बाँध लिया—अभी कौन उठता है, कल फेंक आएगी। माँ याद आ रही थी। उसने एक बार कहा था—चाँदी के चार बंद बनवा ले, खाली कलाइयाँ मुझसे देखी नहीं जातीं...भरी-भरी आँखों से माँ ने अपनी बेटी की तरफ देखा था, मिनटों तक देखती रह गई थी। उसके बाद कैसे दो बड़ी-बड़ी बूँदें टपकीं और किस तरह धरती ने उनको सोख लिया ! उगनी को रत्ती-भर भी मोह नहीं है चूड़ियों का...लेटे-ही-लेटे, उसने एक-एक चूड़ी निकाल ली, सूनी कलाइयों से सीना सहलाने लगी। वक्ष की कर्कशता ध्यान को फिर से अंदरूनी भ्रूण की ओर खींच लाई।

यह भी बलात्कार ही था। ठीक है, भभीखनसिंह ने वैदिक विधियों से शादी की थी। ठीक है, आधे घंटे तक अग्नि में आहुतियाँ डाली गई थीं। ठीक है, हवन के धुएँ ने बहुतों की आँखें आनंद के आँसुओं से गीली कर दी थीं। ठीक है, तोला भर सिंदूर माँग के बीचोबीच कई दिनों तक जमा रहा। सबकुछ ठीक है। लेकिन स्त्री-पुरुष के बीच उम्र का इतना बड़ा फासला किस तरह मखौल उड़ा रहा था विवाह के संस्कारों का ! बाबू भभीखनसिंह को कानूनी तौर पर इस बलात्कार का हक हासिल हुआ। अब उगनी उनकी संतान को अपने लहू से पुष्ट बनाएगी...कामेश्वर कैसे अब उगनी को स्वीकार करेगा ?

उसे नर्मदेश्वर की भाभी याद आई। भाभी ने कहा था—"लुच्चे-लफंगे अपना ही मुँह काला करते हैं। हमारा-तुम्हारा मुँह तो शीशे से भी ज़्यादा साफ रहेगा।" तेज-ओज की उस प्रतिमा को याद करके उगनी ने दोनों हाथ जोड़ लिए, जुड़े हुए हाथों को माथे से सटाकर उसने भाभी को प्रणाम किया। अँधेरे में भी उसे लगा कि भाभी सिरहाने खड़ी हैं। कह रही हैं—"कामेश्वर तुम्हें लेने आया है, तुम ज़रूर उसके साथ चली जाओ। वह तुम्हें भी स्वीकार करेगा और तुम्हारे शिशु को भी स्वीकार करेगा। कामेश्वर नए भारत का नया युवक है, पुराने ढंग का छिछोर नौजवान नहीं है वह..."

उगनी की आँखों से आँसू बह रहे थे। उसने फिर से एक-एक कर उन चूड़ियों को पहन लिया...गुलाबी रंग की ये चूड़ियाँ कामेश्वर को बहुत पसंद हैं ? खुद उगनी ही कामेश्वर को क्या कम पसंद है ?

उसने अपने अंदर उमंग-भरी फुर्ती महसूस की। भरोसे की भावना रग-रग में दौड़ गई। और चट से उगनी बिस्तरे से उछलकर नीचे आ गई। उसके हाथ अपने-आप गतिशील हो उठे, उँगली जाकर अपने-आप स्विच से छू गई। कमरा आलोकित हो उठा। कलेंडरवाला वह किसान युवक उसी तरह कंधे पर हल लादे बैलों की जोड़ी को आगे ले जा रहा था। लगता था, सवेरा हो चुका है। उसने बिलकुल करीब जाकर उस किसान युवक की आँखों में आँखें डाल दीं। आहिस्ता से फुसफुसाई—"तुम्हारी नाक और होंठ कामेश्वर से मिलते हैं न ?"

अरगनी पर लाल कोर की दूसरी साड़ी भी रखी थी। उगनी ने उसे पहन लिया। ब्लाउज बदला। बालों में कंघी फेरी। अब उसकी तबीयत हुई कि आईने में अपना मुँह देखे।

आईना बड़ा नहीं था। पड़ोस की एक युवती बार-बार उगनी को चिढ़ाती रही थी कि ठिकाने का एक शीशा तक वह अपने घरवाले से मँगवा नहीं सकती। उगनी ऊपरी मुस्कान के सहारे पड़ोसिन के उस उलाहने को अब तक टालती आई थी। आज उसे पहली बार लगा कि आईना बड़ा होता तो ठीक था।

लेकिन इस तरह रात-रात जागेगी तो पागल नहीं हो जाएगी ?

नहीं, वह पागल नहीं होगी ! कामेश्वर के बारे में सोचते-सोचते दस-पाँच रात क्या, उगनी सारा जीवन गुजार देगी तो भी पागल नहीं

होगी। हाँ, भभीखनसिंह के बच्चों की माँ बनने के बाद पागल होने से उसे कोई नहीं रोक सकेगा।

बच्चे ! हुँह, बच्चे !...

अंदर की उगनी मुस्कुराने लगी। बाहर की उगनी लेकिन गंभीर बनी रही। उसने आईनेवाली उगनी को मुँह बनाके चिढ़ाया—डूब मरना था तुझे तो ! बेहया की तरह हँस कैसे रही है ?

कानों में भाभी की खिलखिलाहट गूँज गई। भाभी की ही आवाज़ में सुनाई पड़ा—इसमें भला डूब मरने की क्या बात थी ? यह तो आत्म-हत्या का विकल्प था।...

(हाँ भाभी, यह विकल्प ही था जिसे मैंने स्वीकार किया। भभीखनसिंह की घरवाली न बनी होती तो कामेश्वर किसको लेने आते ?

(और हाँ, यह विकल्प कबूल न किया होता तो ढाका या लाहौर पहुँच गई होती फिर तुम या कामेश्वर सिर पटकके रह जाते, उगनी का पता न चलता।...)

ऊपर से एक मोटी छिपकली गिरी और आईने के फ्रेम पर जीभ लपलपाने लगी।

सहमकर उगनी दो कदम पीछे हट गई।

छिपकली अब भी जीभ लपलपा रही थी। मसूर-सी गोल-गोल उसकी आँखें उगनी को घूर रही थीं। दुम का अनवरत कंपन अनंत भूख का सबूत बनकर उसे और डरावना बना रहा था।

उगनी आतंकित होकर दो कदम पीछ हट गई। उसने साफ-साफ देखा : यह वही जंतु है जिसने अँधेरी रात में उस पर हमला किया था। यह वही जंतु है जो उसे उठाकर बाँसों के झुरमुट में ले गया। यह वही जंतु है जिसने उसे बेहोश करके छोड़ दिया था। यह वही जीभ है जिसका खुरदरापन उसके तन-मन के लिए ज़हर बन गया था। यह वही घिनौना जानवर है जिसके बदन पर उसकी माँ ने रसोई की काली हाँडी दे मारी थी। यह वही राक्षस है...

उगनी को लगा कि वह खड़ी नहीं रह सकेगी। तख्तपोश के छोर पर बैठकर छिपकली को देखती रही।

उसे अपना शिकार मिल गया था। जीभ की लपलपाहट बंद हो गई थी। लट्टू के चक्कर लगाते-लगाते पाँच-सात कीड़े दीवाल

को छू रहे थे, छोड़ रहे थे। उन्हीं में से एक नीचे आया था। अभागे के पंख छिपकली के जबड़ों से बाहर थे, शरीर समूचा अंदर चला गया था।

उगनी की आत्मा त्राहि-त्राहि कर उठी। यह मर्मान्तिक दृश्य उससे देखा नहीं गया, आँखें मूँदकर उतान लेट गई। एकाएक मन में आया कि ईंट का टुकड़ा उठाकर दे मारे छिपकली पर...और वह उठी भी। बाहर बरामदे के कोने में ईंट के टुकड़े जमा थे। एक वह उठा लाई। छिपकली आईने के फ्रेम से हटकर थोड़ा ऊपर चली गई थी।

उगनी ने उसे गौर से देखा तो उसके क्रोध को उलटा झटका लगा।

—हाय, यह तो खुद ही माँ बननेवाली है !

ईंट का टुकड़ा वह वापस रख आई और बिस्तर पर बैठे-बैठे मादा छिपकली की ओर एकटक देखती रही। सोचती रही, राक्षसी माँ की कोख से राक्षस शिशु ही बाहर आएगा, लेकिन इससे मातापन की महिमा घट जाएगी क्या ? उसने कभी सुना था कि गर्भिणी बाघिन पर गोली चलाने से किसी शिकारी ने इनकार कर दिया था...आज उसने भी मादा छिपकली पर ईंट नहीं चलाई...वह कामेश्वर के साथ भागनेवाली है। बाबू भभीखनसिंह ने भागते हुए उसे पकड़ लिया तो क्या वे भी उसे क्षमा कर देंगे ? मगर वह क्यों पकड़ी जाएगी ? मान लो, पकड़ ही ली जाए...

स्विच ऑफ करके फिर से वह लेट गई थी। फिर से माथे के अंदर फिक्र की चर्खी चलने लगी थी। छिपकली को भूलकर वह अच्छी तरह मन की गुत्थियों में उलझ गई थी।

माँ कहती थीं, नींद न आए तो कपड़ा भिगोकर माथा पोंछ लेना चाहिए। हाथ-पैर, मुँह-कपार ठंडे पानी से पोंछ लो, तब भी पलकें झिप जाती हैं। उगनी सोचते- सोचते खीझ उठी। बाहर जाकर फिर पानी पी आई। मुँह-कपार धो आई।

चार बजेंगे तो सिपाहीजी लौटेंगे। बाहर साँकल खड़केगी, सीमेंट के फर्श पर लाठी बजेगी 'ठन्न' से। उस वक्त उठकर उगनी ने अगर दरवाज़ा न खोला तो भभीखनसिंह की हल्की हुंकार सुनाई पड़ेगी।

कई बार सिपाहीजी ने कहा है—"तुम्हारी नींद क्या है, पहाड़ है ! बाप रे, आदमी भी कहीं इस तरह सोया है ? बूटों की धमक

से, लाठी की हुराठ से और गले की खखास से अगर तुम्हारी नींद नहीं टूटती है तो अब मुझे इसका कोई इलाज करना पड़ेगा।"

पिछली रात उगनी की नींद नहीं टूटी। आज रात भी उसकी नींद नहीं टूटेगी। सिपाहीजी सवेरे मोटी दातुन चबाते-चबाते उगनी को चार बातें ज़रूर सुना देंगे।

वह सब सुन लेगी। एक बार भी जुबान नहीं खोलेगी। इत्मीनान से पराँवठे पोती रहेगी, आलू तलती रहेगी। सिपाहीजी प्याज़ नहीं खाते हैं। उसने भी प्याज़ छोड़ रखी है। सिपाहीजी मांस-मछली का नाम तक सुनना पसंद नहीं करते, उसने भी मांस-मछली को अपने चित्त से उतार दिया है। सिपाहीजी को सूजी का हलवा अच्छा लगता है, उसको भी सूजी का हलवा अच्छा लगने लगा है। सिपाहीजी को पीले रंग में रँगा हुआ कपड़ा पसंद है, उसको भी वही पसंद है। यह जो मोर-छाप नीले किनारोंवाली गुलाबी साड़ी है इसे बाबू भभीखनसिंह के भांजे ने अपनी नवेली मामी के लिए सौगात के तौर पर भेजा था। वह पूर्वी छोर पर पाकिस्तान की सीमा के पास किसी थाने में दारोगा है। मामा को चिट्ठी में उसने लिखा था, मामी के लिए रेडियो का भी जुगाड़ करेगा। सिपाहीजी ने उस चिट्ठी का जवाब नहीं दिया। पड़ोसियों को यह बात जाने कैसे मालूम हो गई। क्वार्टरों में हल्ला हो गया, भभीखनसिंह के यहाँ रेडियो आनेवाला है। सिपाहीजी से भी लोग आकर पूछने लगे, कब आ रहा है रेडियो...सुना है अगले रविवार तक आ जाएगा...स्टेशन से मालगोदाम तक आ गया है...इस तरह के सवालों का जवाब देना बेकार था। रामायण की चौपाइयाँ गुनगुनाते हुए, हनुमानचालीसा का पाठ करते हुए या इष्ट-मंत्र का जाप करते हुए, सिपाहीजी मोटे तौर पर निषेध की मुद्रा में माथा हिलाकर रह जाते थे। उगनी ने लेकिन पड़ोसियों से एक दिन कह दिया—लिख दिया गया है; रेडियो नहीं आएगा...इससे उनके पूजा-पाठ में बाधा होगी। सिपाहीजी को अपनी घरवाली की वह चतुराई अच्छी लगी। मन-ही-मन वे बोले—तभी तो 'धरमपत्नी' कहा है। उगनी में उनको धर्मपत्नी के सारे लच्छन मिल रहे थे। यह दूसरी बात थी कि सिपाहीजी में उगनी को 'घरवाला' तो ज़रूर मिल रहा था, पति नहीं मिल रहा था।

वह सबकुछ सुन लेती थी। उसके इस गुण पर भभीखनसिंह

फिदा थे। लेकिन रात को चार बजे पूस की सर्द हवा में पंद्रह मिनट तक क्वार्टर के सामने बाहर खड़ा रहना सिपाहीजी को बेहद अखरता था।

उगनी चाहती थी, कैसे भी उसे नींद आ जाए; चार बजे साँकल खड़के तो उसकी आँखें ज़रूर खुल जाएँ।

तो क्या; चाहने से ही किसी को नींद आ जाएगी ?

उँह, कहाँ आएगी नींद चाहने से ही किसी को !

एक पत्ता भी नहीं हिलता है चाहने से; नींद तो भला नींद ही ठहरी, वह कैसे आ जाएगी चाहने-भर से ?

उगनी को लेकिन नींद आ जाएगी। वह पलकें झपका रही है! उसे पिछली रात भी नींद नहीं आई थी; उससे पिछली रात भी नहीं...आज ज़रूर आएगी नींद ?

(सो जा, राजकुमारी, सो जा !

(धत् ! यहाँ राजकुमारी कहाँ से आई ?

(लोकगीतों की दुनिया से उतरी है...सो जा, राजकुमारी, सो जा !

(लेकिन उगनी मामूली औरत है, उस पर लोकगीत की यह कड़ी कैसे लागू होगी ?

(देखो न, कैसे होती है लागू ?

(सो जा, राजकुमारी, सो जा...सो जाऽऽऽऽ !....जाने किस ममतामयी के मुलायम हाथों ने उगनी को थपथपाना शुरू कर दिया है...सो जाऽऽऽऽ, सो जाऽऽऽऽ....सोऽऽ !

(हाँ उगनी की आँखें झिप गईं।)

लो, उसे सचमुच नींद आ गई।

बेसुधी में उगनी ने लिहाफ तक नहीं ओढ़ा। वह ऐसे ही सो गई। अब चार-पाँच घंटों तक निश्चय ही वह गाढ़ी नींद की गहरी मात्रा लेगी। यह मात्रा साठ-सत्तर घंटों के बाद उसे मिली है। वह सपने नहीं देखेगी। स्वप्नहीन, अविराम और गाढ़ी निद्रा की झील में उसकी चेतना अपने पंखों को निस्पंद बनाके पड़ी रहेगी। सर्दी महसूस होगी तो शायद आप ही, लिहाफ खींचकर बदन को ढक लेगी। शायद, थकान का गाढ़ापन सर्दी महसूस होने ही न दे और एक ही करवट में चार बज जाएँ...

वक्त पर साँकल खड़की। लाठी बजी ठन्न से फर्श पर।

उगनी की नींद लेकिन नहीं टूटी।

दूसरी बार साँकल जोर से खड़की और देर तक।

इस बार उगनी ने करवट बदली। थोड़ी देर तक आँखें नहीं खुलीं, लेकिन लगा कि बाहर कोई साँकल खड़का रहा है। याद नहीं आ रहा था कौन साँकल खड़का रहा है। खुमारी में ही उसने अपने को बिस्तरे से उठाया। उल्टी दिशा में बढ़ी कि दीवार से छू गई।

अब उगनी की चेतना साफ हुई। उसे साफ-साफ लगा कि देर से सिपाहीजी साँकल खड़का रहे हैं।

साँकल खुली। ओवरकोट से ढँका हुआ भारी-भरकम शरीर अंदर आया।

इस बार शीत ऋतु में और वर्षों की तरह जमकर जाड़ा नहीं पड़ा। वही बस मामूली किस्म की सर्दी रही। हल्का कंबल और पतला लिहाफ काफी गर्माई पहुँचाते थे।

भभीखनसिंह ने यूँ ही ओवरकोट निकलवा लिया था, वरना खाली स्वेटर ही गर्मी फूँकने के लिए काफी था।

सिपाहीजी ने कहा—"तुम सो जाओ, मैं दिशा-फराकत जाऊँगा तो बाहर से ताला लगाके जाऊँगा।"

वह कुछ बोली तो नहीं, अलसाए हाथों से आले पर माचिस टटोलने लगी। खड़खड़ाहट सुनकर सिपाहीजी ने समझा कि चूल्हा सुलगनेवाला है। सिपाहीजी को सवेरे-सवेरे चाय ज़रूर चाहिए। साहब लोग सवेरे-सवेरे जिस तरह की चाय पीते हैं, उस तरह की नहीं। दूधवाली पंजाबी चाय, गिलास भरके। चीनी कम न हो।

सिपाहीजी उगनी को बहुत प्यार करते थे। ज़रा भी तकलीफ पहुँचाना उन्हें खलता था। इस वक्त सवा चार बज रहे थे। दो घंटे बाकी थी रात। वे सचमुच ही घरवाली को परेशान नहीं करना चाहते थे। चाय तो खुद भी बना लेंगे। यह कोई नई बात थी उनके लिए ? चूल्हे से उनका पुराना रिश्ता था। सिपाहीजी और चूल्हा, चूल्हा और सिपाहीजी...बड़ा पुराना संबंध था। इधर ही कुछ महीनों से इस रिश्ते में ढिलाई आई थी।

बाहर लट्टू भभीखनसिंह ने जला दिया था। पंद्रह यूनिट की पतली रोशनी में उन्होंने उगनी की गोरी बाँहों को देखा, हिलते आँचल के छोरों में पीठ की झाँकी ली। एक प्रकार की तृप्ति का अनुभव करते हुए मूँछों पर हाथ फेरने लगे। सोच रहे थे, जब उठ ही गई तो बिना चाय बनाए नहीं मानेगी। वह ज़रूर अपने हाथों से उन्हें चाय का गिलास थमाएगी और ज़रा हटकर खड़ी रहेगी। दो चुस्कियाँ लेकर उसकी ओर देखेंगे। निगाहों से ही पता लग जाएगा कि चीनी ठीक है...

कान में जनेऊ लपेटकर सिपाहीजी बाहर निकले। अब उगनी जग गई है, चूल्हा सुलगाएगी। अब बाहर से वे ताला नहीं लगाएँगे। पहले सिपाहीजी ने बेल्ट खोला। फिर घुटनों के नीचे से ऊनी पट्टियाँ खोलीं। मोजे निकाले। हाफपैंट के बदले अब क्या लपेटेंगे कमर में ? लुंगी ? नहीं, लुंगी सिपाहीजी को नापसंद है। धोती का अद्धा अच्छा लगता है। कहते थे, लुंगी मुसलमानी लिबास है। पहन लो तो ऐसे ही लगोगे जैसे ढाके के बदरुद्दीन- फकरुद्दीन...

लुंगी के बारे में सिपाहीजी का ऐसा कहना उगनी को कभी अच्छा नहीं लगा। कामेश्वर लुंगी पहनता था न ! वह तो कभी ढाके का बदरुद्दीन या फकरुद्दीन नहीं लगता था। और, अब तो बड़े-बड़े आफिसर अपनी कोठियों में हाते में लुंगी पहने दिखाई देते हैं।

भभीखनसिंह तरसते रह गए कि कभी उगनी अपनी तरफ से भी तो जुबान खोले, कुछ कहे, कुछ बतियाए, अपने-आप किसी को कुछ सुझाए। मगर उगनी अपनी तरफ से कभी कुछ नहीं बोली। सिपाहीजी को अखरता है। बटन दबाओ तभी मशीन के अंदर हरकत पैदा होती है। उगनी भी तभी जुबान खोलती है जब उससे कुछ पूछो। जनाना न हुई, मशीन हुई। सिपाहीजी को बड़ा अखरता है। उगनी की यह आदत कभी-कभी उन्हें वरदान-सी लगती है। नहीं बोलती है, ठीक करती है। चपर-चपर बोलनेवाली जनाना शीलवंत नहीं होती है। और, जो शीलवंत नहीं होगी, उसे छिनाल बनने में कै दिन लगेंगे ? अच्छा करती है उगनी, अपनी तरफ से कभी जुबान नहीं खोलती है।

लेकिन भभीखनसिंह को कभी-कभी यह सब अखरता इसलिए है कि पत्नी की इस आदत में उन्हें पति के अपमान की गंध आती है। औरों के साथ भले ही वह ऐसा ही बर्ताव करे मगर सिपाहीजी तो उसके अपने आदमी हैं। उनसे तो उसे बहुत कुछ कहने-सुनने का हक है। घरवाले से क्या घरवाली ठिठोली नहीं करेगी ? छेड़-छाड़ नहीं करेगी ? घर में हँसी-मखौल सब चलता है। छोटी-छोटी बातों में जीवन का सुख छलकता है। ज़रा-ज़रा से रंगीन इशारों पर स्वर्ग निछावर होता है...सिपाहीजी को कभी-कभी शक होता है कि उगनी अब तक उनसे दूर है, उसके दिल के अंदर बहुत सारे फाटक हैं। दो-एक ही फाटक सिपाहीजी के लिए खुले हैं, बाकी फाटक बिलकुल बंद हैं...सिपाहीजी को उगनी से डर लगता है। वे उसे कभी-कभी संदेह की निगाहों से देखते हैं। कभी-कभी यह सोचकर अपने को आश्वासन दे लेते हैं कि बच्चा पैदा होगा तो मन की गाँठें आप-ही-आप ढीली होती जाएँगी। तनाव आप-ही-आप कम होता जाएगा।

सिपाहीजी दिशा-फराकत से लौट आए। हाथ-मुँह धोकर देर तक मोटी दातून चबाते रहे। आज जाने क्यों, प्रवचन की उनकी आदत काबू में रही। चुपचाप दाँतों पर हरी टहनी की कूँची फिरती रही और उधर चाय की केतली खौलती रही।

सवेरे-सवेरे वह पापड़ नहीं भूनती थी, आज दो पापड़ भून लिए। यह सिपाहीजी को अच्छा लगा। लगा कि वह उनकी रुचि का काफी ध्यान रखती है। शुरू-शुरू में क्वार्टरों की इस दुनिया में

रहनेवाले कुछेक प्राणियों ने अफवाह फैला दी थी कि उगनी का माथा खराब है...माथा खराब नहीं होता तो ऐसी खूबसूरत लड़की मारी-मारी फिरती ? फिर दूसरा शिगूफा लोगों ने यह छोड़ा कि उसे रोटियाँ सेंकना नहीं आता...रसदार भाजी नहीं बना सकती, नमक की मात्रा का उसको ज्ञान नहीं...सबकी जुबान धीरे-धीरे बंद हो गई। उगनी डेढ़-दो महीने के अंदर ही घर-गृहस्थी के इम्तहान में पास हुई। अब पड़ोसिनें उससे अचार बनाने की विधियाँ सीख रही थीं।

सिपाहीजी को एक बात और आज नज़र आई। हाथ-मुँह पोंछकर, चोटी-कंघी से फुरसत पाकर वह साथ ही चाय पीने बैठी थी। पापड़ भी उसके हाथ में था आज। आठ साल की छोकरी जिस तरह उछालकर पापड़ का टुकड़ा मुँह में डालती है, उगनी उसी तरह पापड़ के टुकड़े मुँह के अंदर ले रही थी। एक बार टुकड़ा अंदर न जाकर बाहर गिरा, सिपाहीजी ने देख लिया और मुस्कुरा पड़े। इस पर उगनी भी मुस्कुराई। देर तक मुस्कुराती रही। मुसकान की गहरी आभा उसके चेहरे को देर तक के लिए रँग गई। भभीखनसिंह को यह दृश्य बड़ा अच्छा लगा। एकाएक मजदूर को महीने-भर का बोनस मिल जाए तो कैसा लगेगा उसे ? वैसा ही आज भभीखनसिंह को लगा। उगनी आज पहली बार अपनी तबीयत से मुस्कुराई थी। गले तक की रगें फड़क उठी थीं। आंतरिक प्रसन्नता की यह दिव्य आभा उसे और अधिक आकर्षक बना गई थी।

सिपाहीजी ने कहा—“इतनी अच्छी चाय कभी नहीं बनी।”

इस पर उगनी ने कुछ कहा तो नहीं, होंठों को चाँपकर मुस्कुराहट को दबाने की कोशिश ज़रूर की। चाय का गिलास लिए ही उठकर वह कमरे के अंदर चली गई।

क्षण-भर को कामेश्वर का ध्यान आया। ज़रूर अभी तक वे सोए होंगे। क्या पता, धर्मशाला में तख्तपोशों की व्यवस्था है या नहीं ! जाड़े की रात में नीचे फर्श पर बिना गद्दे के सोना कड़ी तपस्या होती है। क्या पता, किस तरह सोए होंगे ! या उन्हें भी अच्छी नींद न आई हो और रात के पिछले पहर में पलकें झिंपी हों...ज़रूर ही सपनों में उसे देखा होगा। नहीं देखा होगा। ऊँहूँ, देखा होगा। वह उन्हें सपनों में देखती रही है, वे क्यों नहीं उगनी को देखेंगे ?

आगे बढ़कर एक नज़र उसने आईने पर डाली। अँगूठी की

शक्ल में बालों की एक लट ठीक भौंहों के बीच, ऊपर लटक रही थी...वे होते तो इस अँगूठिया लट को चूम लेते आगे बढ़कर।

अगले ही क्षण कमरे से निकलकर वह बाहर बरामदे में आ गई। अरगनी से मर्दानी धोती उतार लाई थी। थोड़ी देर में सिपाहीजी नहाने जाएँगे। नहाकर लौटेंगे तो बाहरवाले तख्तपोश पर बैठकर 'रामायण' और 'विनय-पत्रिका' का पाठ करेंगे। 'हनुमानचालीसा' पूरे का पूरा उन्हें जबानी याद है। छह बजे पूजा-पाठ खत्म करके नाश्ते पर बैठेंगे, दो पराँठे और आँवले का अचार। बस और कुछ नहीं चाहिए। सुपारी का चौथाई टुकड़ा चबाते-चबाते क्वार्टर से बाहर निकलेंगे, आधा घंटा लोगों से मिलजुल आएँगे। दूर नहीं जाएँगे, बहुत हुआ तो छोटे बाबू के क्वार्टर तक। छोटे बाबू के चाचा से सिपाहीजी की दोस्ती हो गई है। रोज़ हिंदी का अखबार उनके लिए मँगवाते हैं छोटे बाबू। बड़े ध्यान से अखबार देखते हैं, ज्ञान की ज़रा-सी प्रसादी सिपाहीजी तक बढ़ा देते हैं।

टहल-बूलकर आने के बाद सिपाहीजी कुल्ला ज़रूर करेंगे। सुर्ती खाते हैं न ! बिस्तर पर लेटने से पहले मुँह ज़रूर साफ कर लेंगे। फिर, सात बजे से लेकर दस बजे तक गहरी नींद मारेंगे। साढ़े-दस बजे दिन का खाना खाते हैं। दोपहर में डेढ़-दो घंटा घर-गृहस्थी को देते हैं। राशन-वाशन, खरीद-फरोख्त, मरम्मत-फरम्मत कुछ-न-कुछ घरेलू काम निकल ही आता है।

आज स्टोव को बाज़ार ले जाएँगे, वह दस रोज़ से बेकार पड़ा है। घंटाघर के पास बूढ़ा मिस्त्री अच्छी मरम्मत करता है। सिपाहीजी स्टोव को उसी के हवाले करेंगे।

बारह बजे से चार बजे तक फिर सोते रहेंगे। सात घंटे नहीं सोएँगे तो रात की ड्यूटी कैसे करेंगे ?

खा-पीकर, बर्तन-बासन धोकर उगनी आज बच्चोंवाली किताब लेकर बैठी। दूसरी कोई किताब मिली नहीं। चलो, इसी से मन को बहलाएगी।

कितने दिनों बाद किताब खोली थी उसने ! एक युग बीत गया था। रात नर्मदेश्वर की भाभी जोरों से याद आई थी, यह शायद उसी का नतीजा था। भाभी ने पहले-पहल अक्षरों का अभ्यास करवाया था न ?

शाम को कामेश्वर से मुलाकात होगी। आज वह भाभी के बारे में ज़रूर पूछेगी। लगता है, कामेश्वर को खुद भी भाभी का पता नहीं है। आठ महीने जेल के अंदर बंद था। भाई-भाभी का उसे क्या पता ? गाँव के साथियों में से कोई मिला हो और उससे मालूम हुआ हो ?

कागज तो उगनी को मिल गया था, पेन्सिल नहीं मिल रही थी।

तिवारी की छोटी लड़की उमा से पेन्सिल मँगवाकर उगनी लिखने बैठी...

शुरू से नहीं लिखेगी...

तीसरा पाठ।

"मुनि अयोध्या पहुँचे।

"राजा दशरथ ने उनकी बड़ी आवभगत की।

"कुछ देर बाद दोनों हाथ जोड़कर पूछा...

"मैं आपकी क्या सेवा करूँ महाराज ?

"मुनि विश्वामित्र ने कहा—महाराज, अपने दोनों बड़े राजकुमारों को मेरे साथ बाहर जाने की आज्ञा दीजिए। राक्षस उपद्रव कर रहे हैं। मेरा यज्ञ अधूरा पड़ा है। आपके पुत्र राक्षसों से मुझे छुटकारा दिला..."

"चाची !" गीता आकर सटके बैठ गई, बोली—"तुम्हारी लिखावट कितनी अच्छी होती है !"

"...एँगे।" उगनी ने वाक्य को पूरा किया और गीता की ठुड्डी से पेन्सिल को छुआकर उसकी आँखें में देखा। दोनों खिलखिलाके हँसीं।

पिछले वर्ष शादी हुई थी। छरहरा कद। साँवली सूरत। नाक-नक्श दुरुस्त। आँखें बड़ी-बड़ी। बाईं कनपटी में घाव का पुराना निशान। उम्र अठारह की होगी। गीता तिवारीजी की बड़ी बेटी थी, बिलकुल पड़ोस के क्वार्टर में ये लोग रहते थे।

"हाँ चाची, तुम्हारी लिखावट मुझे बड़ी प्यारी लगती है।" वह उगनी के गले में झूल गई।

गीता अक्सर ऐसा करती थी और उगनी को यह सब बुरा नहीं लगता था। उसने अपने शरीर का आधा बोझा उगनी की गोद में

डाल दिया, आँखों में आँखें डालकर देखती रही। फिर बोली—"आज किधर सूरज उगा है ?"

उगनी को हँसी आ गई। सोचा, हाँ, सचमुच मैंने पहली बार आज कागज की गोद-गाद की है...

"तुम तो दरजा सात तक पढ़ी हो न !"

गीता ने नाटकीय शैली में माथा हिलाया और बोली—"बाबूजी का कहना है, लड़कियाँ ज्यादा पढ़के क्या करेंगी !"

"और, तेरे उनका क्या कहना है ?" उगनी ने खिलखिलाकर पूछा और कागज-पेन्सिल को परे रखकर इत्मीनान से बैठी। बैठी क्या, पसर गई। गीता के पतले बदन को अपनी दाईं ज़ाँघ से चाँप लिया। दाएँ हाथ की उँगलियों से उसके जूड़े को सहलाने लगी। उगनी को पता था, गीता का पति कालेज की पढ़ाई छोड़कर कहीं चीनी मिल में 'छोटा बाबू' हो गया है। वह अपनी नवेली बीवी को साथ रखना चाहता है। घरवाले नहीं चाहते हैं। बस, मिल के हाते में न सही, आस-पास कहीं बाहर भी डेढ़-दो कमरेवाला खपरैल या खटछप्पर मिलने की कसर है। वह गीता को ज़रूर ले जाएगा। अपनी कोयल को साथ रखेगा...उगनी को अच्छा लगेगा, गीता और उसके पति साथ रहेंगे।

कहने को चाची-भतीजी का रिश्ता था, दरअसल उनका आपस का बर्ताव सहेलियों का था। डेढ़-दो महीने के अंदर ही दोनों काफी घुल-मिल गई थीं। मजाक-मखौल खुलके चलने लगा था।

पिछले महीनों में गीता का घरवाला दो बार ससुराल आ चुका था। तिवारीजी की बीवी ने काफी जोर डाला, मगर भभीखनसिंह की घरवाली उसके दामाद के सामने नहीं हुई। भभीखनसिंह को अपनी बीवी से यही उम्मीद थी। तिवारीजी का दामाद भभीखनसिंह का भी दामाद था, इससे किसको इनकार है ? रिश्ते के मुताबिक उगनी उस लड़के की सास हुई। बूढ़ी होती तो सामने होने में कोई झमेला नहीं था। मगर जवान सास नई उम्र के दामाद से खुलेआम नेह-छोह बढ़ाएगी तो अनर्थ नहीं होगा?...भभीखनसिंह को बड़ा अच्छा लगा कि उनकी घरवाली तिवारी के दामाद के सामने नहीं गई। सुना कि लड़के ने काफी जोर लगाया था। रात-दिन रटता रहा—चाची, चाची, चाची, चाची ! लेकिन चाची का दिल बबुआजी पर नहीं पिघला...

पति की बात आ गई बीच में। गीता थोड़ा शरमाई। निगाहों से निगाहों को थाहा, फिर बोली—''चाची, जितना पढ़ लिया है, उतना ही काफी है। हजम हो तो थोड़ी भी विद्या कम नहीं होती।''

उगनी ने प्यार के मारे गीता का कल्ला दबा दिया। कहने लगी—''तीसरी आँख होती है विद्या, समझी ?''

चाची की गिरफ्त से छुटकारा पाने की कोशिश करते-करते गीता बड़ी-बड़ी आँखें नचाकर बोली—"तीसरी आँख लेकर कोई क्या करेगा ? दो आँखें मिली हैं, वही क्या कम हैं ? ठिकाने से काम लो तो यही बहुत है..."

गीता की इस बात पर खुश होकर उगनी ने उसे छोड़ दिया। पूछा—"छितौनी कब जा रही है रे ?"

छितौनी के नाम पर गीता के कानों को गुदगुदी लगी। वह मुस्कुराई। बोली—"क्या पता, कोई ले भी तो जाए !"

"मैं पहुँचा दूँ ?"

"धत् !"

"डर लगता है ?"

"डर काहे का लगेगा ?"

"मैं तुझे भगा ले जाऊँगी और..."

"और, और क्या करेगी चाची ?"

"और, बेच आऊँगी कहीं पर..."

"मैं क्या कोई मैना हूँ ?"

"मैना नहीं, तू बुलबुल है..."

"अच्छा चाची, एक बात पूछूँ ?"

उगनी ने स्वीकार की मुद्रा में अपना माथा हिला अवश्य दिया किंतु मन-ही-मन उसे डर लगा। गीता जाने क्या पूछ बैठे ? अब उसे पता चला कि भावावेश में आकर कितनी बड़ी भूल वह कर बैठी है। भागने-भगानेवाली बातों की क्या ज़रूरत थी ? गीता तो खैर अठारह वर्ष की छोकरी है लेकिन वह खुद तो अठारह वर्ष की नहीं है। बाईस पूरे करके अगले फागुन में तेईसवें में प्रवेश करेगी। उसकी समझदारी को अभी क्या हो गया था ? निश्चय ही गीता पूछेगी और घर से भागने के बारे में उसे कुछ-न-कुछ बताना ही पड़ेगा...नहीं, वह बिलकुल नहीं बताएगी। चलो, बतला ही देगी। झूठ की चाशनी

देकर ऐसी कहानी गढ़ेगी, ऐसी गढ़ेगी कि...

कि गीता ने खुद ही सवाल को बदल दिया। पूछा—"चाची, आज शाम को तुम उनसे मिलने नहीं जाओगी ?"

"अरे, मैं तो भूल ही गई थी !" उगनी ने दिखावे के तौर पर विस्मय प्रकट किया। अंदर-ही-अंदर खुशी हुई। गीता से ज्यादा उलझना नहीं पड़ा। पिछला सवाल वह भूल गई थी।

"शाम को चलना ज़रूर !" उगनी ने गीता के हाथों को अपने हाथों में लेकर कहा। दोनों एक-दूसरे की ओर देख रही थीं। गीता का दाहिना हाथ उगनी के बाएँ हाथ को सहला रहा था। अनजाने ही चूड़ियाँ गिनकर वह बोली—"हाय, एक चूड़ी क्या हुई चाची ?"

उगनी ने उसकी ओर फीकी नज़र से देखा। क्षण-भर बाद बोली—"रात टूट गई !"

गीता ने भौंहें नचाकर कहा—"यह बड़ा बुरा हुआ। मैं चाचा से कहूँगी। उनसे नई चूड़ियाँ मँगवाऊँगी तुम्हारे लिए..."

उगनी ने गीता के होंठों पर अपनी हथेली रखके आगे बोलने से मना किया।

"क्यों ?" मुँह छुड़ाकर गीता चीखने लगी—"क्यों मना करती हो मुझे ? मर्द को क्या इतनी सज़ा भी नहीं मिलनी चाहिए ? जुर्माना तो चाचाजी को भरना ही पड़ेगा। मैं नहीं मानूँगी।"

उगनी हँसने लगी। हँसते-हँसते गीता को अपनी ओर खींच लिया। गालों पर एक-एक हल्की चपत जमाकर बोली—"मेरे लिए तू किस-किससे लड़ती फिरेगी ?"

वह तुनककर बोली—"अब तुम चाचा की तरफदारी न करो। मैं मानूँगी नहीं, चूड़ियाँ ज़रूर मँगवाऊँगी।"

उगनी ने हँसकर कहा—"सुन रे पगली ! देख ले इन हाथों को...अभी तो खैर एक ही चूड़ी फूटी है, आगे सारी-की-सारी फूट जाएँगी। इनके फूटने न फूटने में क्या रखा है ? हाँ, भगवान करे, किसी की तकदीर न फूटे !"

गीता झुक आई। कान में फुसफुसाकर कहा—"चाचा बड़े कंजूस हैं।" और आँखें नचाकर हाथों के इशारे से बतलाया—"इतना रुपैया गाड़के रखा है...सोने की हँसुली इनसे ज़रूर बनवा लो !

बेर-बखत पर काम आएगी..."

उगनी उस छोकरी की इन बातों पर दंग रह गई। मन-ही-मन उसने गीता को गालियाँ दीं—मंथरा की नानी कहीं की !...अगले ही क्षण सोचा, इसमें बेचारी गीता का क्या कसूर? कोई और घरवाली सिपाहीजी की होती तो ज़रूर ही चार तोले सोने की हँसुली बनवा लेती ! इस हँसुली के लिए वह क्या कुछ नहीं करती। अधेड़ मर्द के सामने नौ नखरे करती। उसके प्यार-भरे अनुरोध पर बाबू भभीखनसिंह अपनी बड़ी-बड़ी मूँछों को उस्तरे के हवाले कर देते, बालों को इतना महीन छँटवाते कि उम्र दस साल कम मालूम देती। सिपाहीजी की वह घरवाली उनके बदन का एक-एक रोआँ चूमती। उसकी इन अदाओं पर रीझकर सिपाहीजी उसके नाम पर डाकखाने में हिसाब खुलवाते। तीन चाबियों का छोटा-सा गुच्छा फिर जनेऊ में न बँधा होता...

"अच्छा चाची, तुम्हें अपनी माँ का चेहरा याद है ?" गीता ने प्रसंग बदलकर पूछा। उगनी क्षण-भर के लिए सहम गई। उसने यहाँ सभी से कह रखा था कि उसके माँ-बाप पंद्रह वर्ष पहले ही हैजे में मर गए थे। आधा झूठ, आधा सच। माँ थी, बाबूजी नहीं थे। बाबूजी का चेहरा ध्यान में आता ज़रूर था मगर धुँधला-धुँधला। लेकिन माँ तो छाया की तरह उगनी के साथ थी। माँ के बारे में गलत बतलाते समय उगनी के रोंगटे खड़े हो रहे थे। जैसे-तैसे अपने मन पर काबू रखकर उसने कहा—"हाँ, अच्छी तरह याद है माँ का मुखड़ा। बचपन में गले का आपरेशन हुआ था, दाहिने कंधे के ऊपर बड़ा निशान था। मेरी आँखें गोल हैं, उसकी कमलपत्री आँखें थीं।"

"अच्छा चाची..."

उगनी ने गीता के होंठों पर हाथ रखा—"अच्छा-अच्छा, रहने दे अब। दुपहरिया का अपना सोना मैं हराम नहीं कर लूँगी तेरे चलते..."

गीता ने तनकर कहा—"सच ? तुम्हें नींद आ रही है ? पूस-माघ के दिनों में तो बीमार लोग ही सोते हैं।"

"मैं भी बीमार हूँ।" उगनी मुस्कुराई। उठकर आँगन के कोने तक गई। जाड़े की धूप तिरछी सरक आई थी। मर्तबान को उठाकर फिर से उगनी ने धूप में रखा। अंदर नीबू भरे थे।

गीता भी खड़ी हो गई थी। मालूम था कि चाचा आनेवाले हैं, बारह-साढ़े बारह बजे वे ज़रूर सो जाते हैं। बरामदे से ऊपर दीवार पर उसकी दृष्टि पहुँची। सिंदूरी लिखावट में दो पंक्तियाँ अब उतनी चमक नहीं रही थीं, लेकिन अभी काफी अर्से तक पढ़ी जाएँगी। इन्हें गीता ने ही लिखा था। मन-ही-मन वह दुहराने लगी...

अचल रहे अहिवात तुम्हारा।
जब तक गंग-यमुन की धारा॥

दुहरा गई। एक बार, दो बार। लिखावट अपनी थी, मोह लग रहा था। इच्छा हो रही थी, सिंदूर घोलकर इन पंक्तियों को एक बार और चमका दे...

आँगन में इस पार से उस पार तक पतला तार टँगा था। कपड़े सूख रहे थे। उगनी उन्हें सहेजने आई। दूसरी बाँह से गीता को धकेलती हुई कमरे के अंदर गई।

"क्या देख रही थी रानी ?"

"और क्या देखूँगी !"

"अचल रहे अहिवात तुम्हारा ?"

"हाँ, जब तक गंग-यमुन की धारा !"

"झूठ !"

"नहीं चाची, झूठ नहीं..."

"क्या बकती है !"

"बकती हूँ ?"

"अपने चाचा की मूँछों को नहीं देखा है ?"

गीता उदास हो गई। उसकी रग-रग डूबने लगी। वह सोचती रही, गंगा-यमुना चाहे मिलकर जोर लगाएँ तो भी चाचा की जवानी वापस नहीं लौटा सकतीं वे। क्या ज़रूरत थी शादी की ? हाँ, थी ज़रूरत ! छह महीने बाद चाचा किसी के पिता होंगे। शादी न होती तो कैसे पिता होते ?...

उगनी ने उसे सुस्त देखा तो बाँहों में ले लिया, मुँह बना-बनाकर हँसाने लगी। बोली—"अबके दूल्हाजी आएँगे तो मैं उनसे खुद ही कहूँगी, हमारी गितिया को आप इतना क्यों तरसाते हैं ? आप उसे ले क्यों नहीं जाते ? कब तक अकेली रहेगी ? सीता का वनवास तो कानों से सुना था, गीता का वनवास अब आँखों से

देख रही हूँ...”

गीता विनोद की बातों से खिल उठी। आँखों के कोए चमकने लगे। लाज की थिरकन से बेताब होकर अपने को उसने छुड़ा लिया। बाहु-बंधन से मुक्त होकर वह भाग ही गई।

"कल तो शाम को तुमने शिवजी की बूटी नहीं ली; आज लेकिन दोपहर का प्रसाद ग्रहण करना पड़ेगा।" जब बूढ़े पुजारी बाबा ने कामेश्वर से यह बात कही तो समझ में नहीं आया कि वह 'हाँ' करे या 'ना'...

पुजारी बाबा वैरागी साधु थे। उम्र पैंसठ से कम न रही होगी। जवानी में निश्चय ही खूबसूरत रहे होंगे। क्या वे हमेशा से यहीं जेल के पड़ोस में पड़े रहे ? क्या वे बचपन में ही घर से भाग आए थे ?

कामेश्वर के मन में पुजारी के बारे में कई तरह के सवाल उठे, मगर उसने उन्हें दबा लिया। सोचा, इतने प्यार से बाबाजी भोग की सामग्री तैयार करेंगे और मैं ठाकुरजी का प्रसाद न लूँ तो उनको दुख होगा। कहीं तो दोपहर का खाना खाऊँगा ही, बाबाजी की ही बात क्यों न रख लूँ।

प्रकट तौर पर उसने कहा—"बाबा, नाहक आप झमेले में पड़ेंगे। एकाध बतासा मेरे लिए काफी रहेगा।"

बाबाजी बगिया में धनिया की पत्ती खोंट रहे थे। क्यारी के बाहर कामेश्वर खड़ा था। बाबाजी बोले—"बतासा तो भारी पड़ेगा, तुलसी का दल ठीक रहेगा..." इस पर दोनों को हँसी आ गई।

बाबाजी बोलते गए—"सबको मैं थोड़े कहता हूँ प्रसाद के

लिए ? तुमको उस रोज पहली बार देखा तभी सोचा, अच्छा लड़का होगा। शीलवंत, पढ़ा-लिखा, खानदानी। सोचा, इस लड़के को पास बैठाकर मन को शांति मिलेगी। ज़रूर बोल मीठे होंगे..."

कामेश्वर को बूढ़े बाबा पर दया आई। ये लोग ज़िंदगी-भर पारिवारिक स्नेह के लिए तरसते रहते हैं। बुढ़ापे में इनका आत्माराम प्यासा रहता है और छोटी उम्र के छोकरों को देखते हैं तो प्यार के मारे गीले हो उठते हैं। बेटा-बेटा, राजा-राजा कहेंगे, प्रसाद के नाम पर मेवा-मिठाई खिलाएँगे और पास बैठाकर देर तक देखा करेंगे, विभोर होकर। उनकी विह्वलता देखकर उन बेचारों पर दया आती है। उनका प्रसाद अस्वीकार कर दो तो वे रो पड़ेंगे—"रामजी को मंजूर नहीं था।"

कामेश्वर बाबा का प्रसाद अवश्य स्वीकार करेगा। दोपहर का खाना होटल में तो रोज चलता ही है; एक रोज हनुमानजी की मठिया का प्रसाद ही सही।

बाबाजी क्यारी से बाहर आए। झोले में बैंगन, मूली, गोभी के फूल और न जाने क्या-क्या भरा था। थोड़ी-बहुत सब्ज़ी-भाजी वे मठिया की बगीची में उगा लेते थे। कुएँ की वजह से पानी की सुविधा थी।

कामेश्वर ने कहा—"बाबा, ग्यारह बजे आ जाऊँगा।"

बाबा ने कहा—"बारह तक मैं तुम्हारी राह देखूँगा...मगर तुम जाते ही क्यों हो ? यहीं स्नान करो; तेल, साबुन, कपड़ा, तौलिया—सबका प्रबंध हो जाएगा। तुम्हारे जैसे भक्त आते ही रहते हैं। यह मठिया ज़रूर है लेकिन थोड़ा-बहुत आराम न मिले, ऐसी बात नहीं।"

क्या बात सूझी कि कामेश्वर ने एकाएक पूछ दिया—"यहाँ रामलीला होती है कि नहीं ?"

"वाह, रामलीला ही नहीं होगी ? आसिन-कातिक में इधर आओ तो देखो।" हाथ जोड़कर कामेश्वर वापस आया।

धर्मशाला के गेट पर पड़ोसी कमरे का युवक मानो उसकी प्रतीक्षा कर रहा था। वह कामेश्वर को अपने कमरे के अंदर ले गया और पाकेट से निकालकर तार आगे बढ़ा दिया।

पढ़कर टेलीग्राफवाला कागज कामेश्वर ने जेब के हवाले किया

और अपने कमरे के अंदर आया। नर्मदेश्वर का तार था।

जल्दी-से-जल्दी कामेश्वर को लौटना चाहिए। और जीप का इंतजाम चार दिन बाद होगा। क्या पता, पूरा सप्ताह और लग जाए।

कमरे के कोने में कपड़ों का वह गट्ठर था, जिसे दो बार कंधों पर लादकर कामेश्वर को पुलिस लाइन के इर्द-गिर्द चक्कर काटना पड़ा था। गट्ठर भारी नहीं था। पाँच-सात साड़ियाँ, चार-छह चादरें, ब्लाउज के लिए कटपीसवाले चंद टुकड़े...और कुछ नहीं था। सेठ सुगनचंद के भतीजे से नर्मदेश्वर की गाढ़ी दोस्ती थी। उसने कहा था—'ज़रूरत पड़े तो वह दस गट्ठर माल फेरी के लिए देगा।' यहाँ दस गट्ठर का क्या काम था ? फेरी तो करनी थी नहीं, फेरी का नाटक करना था। यह नाटक कामेश्वर ने किया और अच्छी तरह किया। तीन साड़ियाँ बिकीं, चादर का एक पल्ला खपा, कटपीस सारे निकल गए...

कामेश्वर को हँसी आ गई। समूचा गट्ठर कटपीस का ही ले आता तो मुनाफे की बड़ी गुंजाइश थी। कैसे टूट पड़ीं उन टुकड़ों पर ! क्या बूढ़ी, क्या छोकरी, सभी लपक आईं और कटपीस के टुकड़ों को सीने से लगा-लगाकर एक-दूसरे को कैसे आँख मारने लगीं। फेरीवाले औरतों की इन कमज़ोरियों को अच्छी तरह जानते हैं...

कामेश्वर को उस रोज उगनी का वह झाँकना बड़ा ही अच्छा लगा था। दरवाज़े से निकलकर एक युवती चार कदम आगे बढ़ी। कामेश्वर ने पहले चेहरे की ओर ध्यान नहीं दिया। गुलाबी साड़ी का मोरछाप किनारा पैरों तक फहरा रहा था और युवती का शरीर बीच में ठिठक गया। फेरीवाले ने क्षण-भर के लिए सोचा था, वापस लौटकर दाम ले आएगी तब आगे बढ़ेगा। लेकिन नहीं, वह जैसी की तैसी ठिठकी रही। सहजन के तले माल फैलाकर सामनेवाली औरत से वह मोल-भाव कर रहा था। गुलाबी साड़ी का मोरछाप किनारा आगे नहीं बढ़ा तो फेरीवाले ने उस चेहरे की ओर नज़र उठाई थी। उगनी ने उसे भली भाँति देख लिया था और फुर्ती से लौट गई थी। सामनेवाली औरतों में से एक छोकरी ने कई बार आवाज़ दी थी—"चाची, चाची, अरे सुनो तो ! बड़े अच्छे पीस हैं, एक बार देख तो जाओ !" वह पीछे-पीछे पहुँचकर क्वार्टर के अंदर से उसे शायद

खींच भी लाती लेकिन सामनेवाली बुढ़िया ने उसे डाँटा—"चाची-चाची मचाए रहती है ! एकाध अच्छा टुकड़ा मेरी पतोहू के लिए छाँट देगी सो नहीं होगा !" निश्चय ही बुढ़िया की पतोहू मायके गई होगी...

कामेश्वर को याद आया, वही लड़की तो उस रोज हनुमानजी की मठिया तक उगनी के साथ आई थी। आज भी शायद उगनी उसी के साथ मठिया पहुँचेगी। लगता है, यहाँ भी उगनी ने दो-एक सहेलियाँ बना ली हैं। औरतें सहेली बनाने की कला में उस्ताद होती हैं। दो अपरिचित मर्द हफ्तों-महीनों आस-पास रहेंगे, लेकिन एक-दूसरे के दिल में प्रवेश नहीं पा सकेंगे। औरतें घंटों में ही यह काम कर लेती हैं।

कामेश्वर ने क्षण-भर के लिए आँखें मूँद लीं। लगा कि गट्ठर की बाकी तीन साड़ियाँ उगनी एक साथ लपेट लेगी। वह नहाकर आई है। कमर से नीचे सूखा पेटीकोट झूल रहा है। बालों में तौलिया लपेट रखा है। बिना बाँहोंवाला चंपई ब्लाउज सीने को और भी गरिमा प्रदान कर रहा है।

कमरा नं. 34 वाला नौजवान आवाज़ देकर अंदर आ गया।

"आज आप नहाएँगे नहीं ?"

"चलिए, आता हूँ।"

"हाँ, कुएँ पर अभी कोई नहीं है।"

"तेल होगा ?"

"आइए भी तो !—और हाँ, एक बात..."

कामेश्वर ने चलते-चलते अपना एक कान युवक की ओर बढ़ा दिया।

साथ खाना खाने का अनुरोध था। कामेश्वर ने मजबूरी ज़ाहिर की। बोला—"शाम को नाश्ता-चाय साथ चलेगी।"

उगनी खाना तैयार करके रख आई थी।

गीता ने आज भी चाचा से पूछ लिया था और अनुमति मिल गई थी।

मठिया में बाबाजी फूलों की माला गूँथ रहे थे। गीता प्रणाम करके सामने बैठी, उगनी बगीची की ओर चली गई।

"लाइए बाबा," गीता ने हुलसकर कहा—"मैं भी माला बनाऊँ !"

बनावटी गुस्से में बाबाजी ने कहा—"बँदरिया कहीं की ! हट, तू क्या जाने माला-फाला..."

"नहीं महाराज..." मचलके गीता बोली—"मैं बहुत अच्छी माला तैयार करूँगी !"

"जा, हाथ धो आ !"

"अच्छा महाराज !"

आँखों के इशारे से बाबाजी ने गीता को बुलाया तो वह बिलकुल पास आ गई। गीता को मालूम है, बाबाजी का यह अपना खास ढब है बातें करने का। कान के पास मुँह लाकर फुसफुसाएँगे। बात कोई खास नहीं रहेगी, लेकिन बाबाजी फुसर-फुसर करेंगे।

"तिवारीजी ठीक हैं न ?" गीता के दाहिने कान में फुसफुस

हुई। उसने माथा हिलाकर 'हाँ' का संकेत दिया।

गीता ने कुछ और भी सोचा था। उसे लगा था, बाबाजी जानना चाहेंगे– 'भभीखनसिंह की घरवाली से कौन आदमी बातें कर रहा है ?'

'चाची के मामा का लड़का है, कपड़े का धंध करता है।' गीता ने जवाब भी सोचकर रख लिया था। लेकिन, बाबाजी ने निहायत मामूली बात पूछी, उसके अपने पिता के बारे में। तो फिर वही क्यों न बतला दे ?

उसने धीमी आवाज़ में कहा–"महाराज, आप जानते हैं न उनको ? वे चाचीजी के मामा के लड़के हैं, कपड़े की दुकान करते हैं, सेठ हैं..."

"तेरे लिए क्या लाए हैं ?"

"जब वे अपनी फुफेरी बहन के लिए कुछ नहीं ला सके तो आप क्या पूछते हैं ! शायद हनुमानजी को चढ़ावा मिला हो..."

"बड़ी चंट है तू ?"

"ज़रूर मिला है महावीरजी को कुछ ! है न ?"

"जा, भाग !"

गीता तालियाँ पीटने लगी–"कर लिया मालूम ! कर लिया मालूम ! कर लिया मालूम !"...सामने, मठिया के आँगन में परले छोर पर पानीवाला पंप था। गीता उधर हाथ धोने चली गई।

बाबाजी इधर आरती का जुगाड़ करने लगे। सोच रहे थे, आखिर तिवारी की इस बच्ची ने मालूम कर ही लिया। दस ही तो मिले हैं, दस-बीस अभी और मिलेंगे...कैसी ममेरी और कैसी फुफेरी ! ऐसा नज़दीकी रिश्ता था तो धर्मशाला में क्यों ठहरा है ? शायद, भभीखनसिंह से वह मिलना नहीं चाहता था। खानदानी ढंग से शादी हुई होती तो बात ही और थी...लेकिन लड़का मिठबोला भी है, समझदार भी। सेठ हो या अफसर, हमारा क्या बिगाड़ता है ? बहन से मिलने आया है, मिले। रामजी भला करें बेचारे का। बार-बार घेरने पर तो दिन का भोजन स्वीकार किया...आधा सेर दही और सेर-भर मिठाई बाज़ार से लाया था ! उदार आदमी छछूँदर स्वभाव का हो ही नहीं सकता। तबीयत तो लड़के ने ऐसी पाई कि...

कि गीता ने कहा उधर से—"मैंने तीन मालाएँ तैयार कर लीं बाबा ! अब लाइए रुई बढ़ाइए ! आरती के लिए दीपों की बत्तियाँ बँट दूँ। आज मेरा जी कर रहा है सेवा करने का, मगर यहाँ करने को कुछ हो भी तो !"

"रामायण बाँचकर हनुमानजी को सुना !" बाबाजी ने मठिया के अंदर से आदेश दिया और मँझोली साइज की एक पोथी बाहर चौखट के पास बढ़ा दी।

गीता आसन पर पाल्थी मारकर बैठी और धीमी आवाज़ में पाठ करने लगी—

अतुलितबलधामं स्वर्णशैलाभदेहं
दनुजवनकृशानुं ज्ञानिनामग्रगण्यम्।
सकलगुणनिधानं वानराणामधीशं
रघुपतिवरदूतं वातजातं नमामि॥

मनोजवं मारुततुल्यवेगं
जितेन्द्रियं बुद्धिमतां वरिष्ठम्।
वातात्मजं वानरयूथमुख्यं
श्रीरामदूतं शरणं प्रपद्ये॥...

दोनों श्लोक याद थे, इसलिए कि तिवारीजी ने बचपन में ही बहुत कुछ रटा दिया था। गीता को इस बात का ही ध्यान अधिक था कि चाची को अपने भाई से गपशप करने का पूरा वक्त मिले।

चौपाइयों की वाटिका में उसका मन सैर करने लगा। बाबाजी आरती की तैयारी कर रहे थे।

यह मठिया कहने को छोटी थी, लेकिन डेढ़ सौ वर्ष पुरानी। इसका इतिहास जेल के साथ जुड़ा था। उन्नीसवीं सदी के आरंभिक वर्षों में जिला-जेल का परकोटा तैयार हुआ था। रतनपुर के देहातों में दस-पंद्रह कोठीवाले अंग्रेज़ ज़मींदार जम गए थे, उनका आतंक 1920 तक बना रहा। लगभग सौ वर्ष उन्होंने गँवई जनता को खूब कसकर दूहा। मुगल सूबेदारों और नवाबों की हुकूमत अठारहवीं सदी के मध्य तक काफी शिथिल पड़ गई तो 'ईस्ट इंडिया कंपनी' के गोरे हाकिमों ने उत्तर बिहार के उन इलाकों में अपने हाथ-पैर फैलाने शुरू

कर दिए। विरोध में जो भी कोई आवाज़ उठाता वह बागी करार दिया जाता...ठग, डाकू, चोर, बदमाश आदि भी गिरोह बनाकर घूमा करते थे और उनके अंदर फिरंगियों के प्रति अपार घृणा सुलगा करती थी। उन्हीं का होश ठिकाने लाने के लिए इन जेलों की दीवारें खड़ी की गई थीं। जेलर पढ़ा-लिखा होता था, मगर संतरी-सिपाही ठेठ किसान होते थे। लाठी, लाल लँगोटा, ढोलक, मँजीरा, तुलसीदासी रामायण और हनुमानजी उनके सुख-दुख के साथी थे। बजरंगबली की यह छोटी-सी प्रतिमा रतनपुर जेल के उन्हीं आदिम वार्डरों की श्रद्धा का प्रतीक थी।

जेल के सिपाही हनुमानजी की इस प्रतिमा को अपना 'घरेलू देवता' मानते आए थे। बहुएँ और बेटियाँ घंटों वहाँ गुजार देतीं, कोई उनसे पूछता नहीं था।

बगीची में बातचीत खत्म करके उठते-उठते कामेश्वर ने पूछा—"सिपाहीजी नहीं आते हैं यहाँ ?"

"सनीचर को।" उगनी बोली।

"और तुम ?" कामेश्वर मुस्कुराया।

उगनी ने कहा—"अक्सर मंगलवार की शाम को आती रही हूँ।"

"अब तक कितने लड्डू चढ़ा चुकी हो ?"

"ढाई सेर !"

"गिनती पूछ रहा था..."

उगनी हँसने लगी, बोली—"गिनती से क्या, भगत को तो प्रसाद चाहिए न ?"

कामेश्वर ने मुँह बनाकर कहा—"भगतिन की नानी कहीं की ! चल, बाबाजी से दो लड्डू लेकर दे मुझे ! प्यास लगी है..."

"बस ? सिरिफ दो ठो !"

"हाँ, दो ठो !"

"चाची।" उधर से गीता की आवाज़ आई, "चलोगी नहीं ?"

"आई ।" आहिस्ते से उगनी बोली।

चलते-चलते उसने कामेश्वर से संकेत में आदेश की याचना की।

बाबाजी ने पुकारा, "आरती का नबेद लेते जाओ बबुआ !"

"रख दीजिएगा," कामेश्वर ने ऊँची आवाज़ में कहा–"निबटके आ रहा हूँ बाबा !"

मठिया के बरामदे से उतरकर गीता आँगन में आ गई। उगनी से कहा–"नबेद लो चाची ! बतासा तो तुम लोगी नहीं, किसमिस मैं अपनी भी दूँगी..."

ज्यादा नहीं, लेकिन थोड़ा दूध उफनकर गिर गया था। नीचे सीमेंट का फर्श था, दूध फैलकर अपनी गाढ़ी सफेदी बिखेर रहा था... साँवली सूरत और लंबी मुखाकृतिवाली तिवारीजी की बीवी अपने को सँभाल नहीं पा रही थी। मुश्किल से गाय का यह आधा सेर दूध मिलता था, और उसमें भी अगर पाव-भर धरती माता ही सोख लेगी तो कैसे काम चलेगा ?

गुस्से का पहला उबाल खत्म हो चुका था, अब दूसरा उबाल आनेवाला था। दो साल का दुलरुआ बेटा आकर गोद में बैठ गया। आँचल के अंदर हाथ डालकर धीरे-धीरे छाती टटोलने लगा तो खीझकर माँ बोली—"ले, पी ले ! अब और कुछ तो नहीं रह गया है। लड्डू ज़रूर मिलेगा। राक्षस कहीं का ? घड़ी-आध घड़ी भी चैन से बैठने नहीं देता..."

जबरन उसने बच्चे की थुथनी को अपने स्तन से सटा लिया और सुलगती हुई बोली, "ले, प्राण ही पी ले मेरा! जीके क्या करूँगी..."

आँगन के कोने में नौं साल की बिटिया बर्तन साफ करने में लगी थी। छोटी-छोटी दो पतीलियाँ, एक बटलोई, कड़ाही, तवा, थालियाँ, कटोरे...काफी बर्तन सामने पड़े थे। वह काले हाथों से

अकेली जूझ रही थी, मन-ही-मन उसे बड़ी बहन पर गुस्सा आ रहा था। बीच-बीच में सहमी निगाहों से पीछे देख लेती, माँ की खीझ का अंदाज़ लेते रहना ज़रूरी था।

दरजा आठ में पढ़नेवाला लड़का बाहर था, अपने साथी से मिलने गया होगा। अभी दो रोज़ पहले आठवीं का इम्तहान खत्म हुआ था, पर्चे अच्छे हो गए थे। तिवारी की बीवी को बड़ा अभिमान था कि लड़का साइंस पढ़ रहा है। दुलार के मारे वह उसे काफी छूट देती थी, बहनों को भाई की आज़ादी अखरती थी।

लड़का सीटी में फिल्मी धुन बजाता हुआ अंदर आया। माँ ने कड़ी निगाहों से उसे देखा। उलाहने की मुद्रा में दाईं बाँह उठाकर पूछा—"महारानीजी कहाँ गायब हो गईं ? एक पहर बीत गया, मठिया से नहीं लौटीं ! लगता है, कोई उठाके ले गया !"

सीटी बजाना भूलकर लड़का नई परिस्थिति को भाँपने लगा। कोने में बैठी, ढेर सारे बर्तन सामने फैलाए रखनेवाली छोटी बहन की ओर देखा। भारी बटलोई की काली पेंदी पर वह झुकी थी, छोटे इंजन की छोटी पिस्टन की तरह काली हथेली उस पर फिर रही थी। अभी छोटी बहन नहीं, उमा भाई को मशीन प्रतीत हुई।

सकपकाहट में देखकर माँ ने कहा—"जा, देख, मठिया में क्या देर कर रही है ?"

"अकेली थोड़े गई है !"

"हूँ, देवीजी साथ गई हैं पड़ोसवाली।"

कंठ तक आकर एक गाली भी टकराई—'छिनाल कहीं की !'

तिवारीजी और भभीखनसिंह साथ ही ड्यूटी पर निकले थे। उसके बाद ही दूध में उफान आया था। गीता की माँ को सिपाहीजी की घरवाली पर ही गुस्सा आ रहा था। जी कर रहा था, आँगन से बाहर निकलकर पानी के बंबे के नज़दीक खड़ी हो जाए और चुन-चुनकर हज़ार गालियाँ सुनाए।

लड़का बाहर निकलने को हुआ।

माँ ने रोका—"आ ही रही होगी।"

"नहीं, मैं जाकर ले ही आऊँ !" लड़के ने कहा और आगे बढ़ गया।

तिवारी की बीवी सोच रही थी—सचमुच उसे रंडी ही होना था। ऊपर से बड़ी भली बनती है, लेकिन अंदर डूबकर पीनेवाली भगतिन लगती है मुझे तो। यह टिकेगी नहीं, भाग खड़ी होगी। भभीखनसिंह सिर पीटते रहेंगे। गीता क्यों इस चुड़ैल से सटने जाती है ? जो खुद ही बहत्तर घाट का पानी पीके आई है, वह किसी की लड़की-पतोहू को क्या सिखलाएगी ?...ना गीता को मैं अब निकलने नहीं दूँगी, चाहे तिवारीजी मुझे फाड़के खा जाएँ ! कभी-कभार एकाध कप चाय भिजवा देती है, चस्का डाल दिया है न...।

चाय की याद आते ही कप का ध्यान आया। कई दिनों से

चाय का जूठा कप तिवारीजी के सिरहाने पलँग के नीचे पड़ा था। तिवारीजी की बीवी ने गोद के बच्चे को हिलाकर उठाया—"जा, उमा को वह प्याला तो देता आ, धो देगी।"

उधर से उमा ने माथा उठाकर ठुनकती आवाज़ में कहा—"अब मुझसे यह सब नहीं होगा। इतने सारे बर्तन माँजते-माँजते मेरी कमर टूटी जा रही है..."

नौ साल की उमा रो पड़ी। काली हथेलीवाला एक हाथ उठाकर कुहनी से उसने आँसू पोंछे और फिर माथा झुकाकर बर्तन मलने लगी।

गोद का बच्चा प्याला लेकर आगे बढ़ आया था। इशारे से माँ उसे पास बुलाने ही वाली थी कि गीता ने अंदर पैर रखे।

देर काफी हो गई थी। माँ के चिड़चिड़े स्वभाव से गीता यों ही आतंकित रहती थी। आज उसने तय कर रखा था, चाची की खातिर सबकुछ चुपचाप सुन लेगी। छोटे भाई ने बड़ी बहन पर सहमी हुई नज़र डाली। उमा उसी तरह सिर झुकाए अपना काम करती रही। माँ ने तो गीता की तरफ देखा तक नहीं।

कमरे के अंदर जाकर गीता ने कपड़े बदले। बाहर आकर उमा के पास जा बैठी। माँजे हुए बर्तनों को धोने के लिए बाल्टी के अंदर लोटा डुबोया कि उमा उस पर बरस पड़ी—"अब कैसे आई है ! जाओ, बैठो पलँग पर, उपन्यास पढ़ो ! दाई-महरी का काम क्यों करने आई हो ?"

भरा हुआ लोटा उसने बड़ी बहन के हाथ से छीन लिया। इस तरह घूरकर देखा कि गीता सहम गई। माँ से बीच-बचाव की कोई उम्मीद नहीं थी। बड़ी बहन ने झुकने में ही अपना कल्याण देखा। बोली—"उर्मिला, आज तू मुझे माफ कर दे !"

उधर से माँ गरज उठी—"ऐसे नहीं, उमा के पैरों पर नाक रगड़ो तभी माफी मिलेगी..."

गीता ने छोटी बहन के पैरों की ओर सचमुच ही हाथ बढ़ा दिए। किंतु काली हथेली बीच में वर्जना की दीवार बनकर खड़ी हो गई। उमा बड़ी बहन का इतना अपमान कैसे होने देती ?

तिवारीजी की बीवी को क्रोध तो बेहद आ रहा था, लेकिन इस वक्त उसने अपने को जैसे-तैसे रोका। रोकती न तो क्या करती ?

दीवार के उस पार दो सजग कान इसी ओर तो लगे थे।

गीता की माँ मन-ही-मन बोली—कहाँ से यह प्लेग का चूहा आ गई ? इसे क्या हमारी छाती पर ही उछल-कूद मचानी थी ? एक शब्द भी मुँह से निकाला तो राँड़ सुन लेती है। कुछ न भी बोलो तो बच्चों से खोद-खोदके निकाल लेती है। भारी मुसीबत में पड़ी हूँ। कहीं दूसरी जगह डेरा भी तो नहीं मिलेगा। उनसे कहूँगी तो लाठी उठा लेंगे...

गीता भी जुट गई। बर्तन जल्दी ही धुल गए। साड़ी के खूँट से बतासे बँधे थे। बड़ी बहन ने सभी को प्रसाद दिया। माँ ने लेकिन नहीं लिया। दोनों हाथ जोड़कर मठिया की तरफ मुँह किया, फुसफुसाई—"जय महावीर, बजरंगबली ! बच्चों को सुबुद्धि दीजिए। मैं आपसे और कुछ नहीं चाहती हूँ..."

और कोई वक्त होता तो बच्चे इस प्रार्थना पर शायद मुस्कुरा पड़ते।

—चाचा का कसूर है ?

—चाची से क्यों इतना अलगाव बरता जाता है !

—खूबसूरत होना ही पाप है ?

—औरत होना गुनाह है ?

—चाची को घर से कौन भगा लाया था।

—ऐसी अच्छी औरत को उसने भुला दिया ?

—चाचा ने उससे शादी क्यों की ?

—वह क्या सचमुच ही नहीं रहेगी ?

—चाची का स्वभाव इतना अच्छा क्यों है ?

—वह भी गालियाँ क्यों नहीं बकती ?

इस तरह के बीसों सवाल थे और वे अठारहसाला छोकरी को घेर-घेरकर परेशान करते...

अठारहसाला छोकरी यानी तिवारीजी की बड़ी लड़की गीता। काफी पढ़ी-लिखी शहराती होती तो अब, ब्याह के बाद गीता पांडे कहलाती। मिस तिवारी के बदले मिसेज़ पांडे। पति को हस्ताक्षर का शौक था। उसने कई बार लिखवाकर देख लिया था—श्रीमती गीता पांडे, श्रीमती गीता पांडे, श्रीमती गी...

अक्सर वह चाची के बारे में सोचा करती...पेट के अंदर चार

महीने से 'जीव' पल रहा है। अब कहाँ भागेगी बेचारी ? भागना होता तो जेल से रिहाई पाने के बाद उसी रोज़ न भाग गई होती ? बाईस-तेईस वर्ष की लड़की पचास वर्ष के मुछंदर सिपाही की घरवाली बनकर रहने को किस तरह तैयार हुई ? तैयार क्या अपनी मर्ज़ी से हुई होगी ? बेचारी के सामने और कोई रास्ता ही न रहा होगा ?...उसे पता है, माँ क्यों चाची पर इतना रंज रहती है। कई दिनों तक लगातार चाची से कहा गया, लेकिन वह दामाद की निगाहों के आगे खुलकर जाने को राजी नहीं हुई। माँ ने खीझकर अकेले में उस क्वार्टरवाली नानी से कहा था—छिनाल यहाँ भभीखनसिंह की रखैल बनके सती-सावित्री का नाटक कर रही है, मैं इन कलमुँहियों की रग-रग पहचानती हूँ...

(नहीं माँ, चाची को तुम इतनी गालियाँ न दो ! पहले जनम में बेचारी ने जाने किसका क्या बिगाड़ा था ! अब इस जनम में उसे तुम इतना सराप क्यों देती हो माँ?

(ज़रूर चाचा ने चाची का रुख नापा होगा। चाचा ही नहीं चाहते होंगे कि उनकी घरवाली तिवारी के दामाद से बोले-बतियाए।

(माँ चाचा पर क्यों नहीं अपना गुस्सा झाड़ती है ?

(मर्द पर झाड़ेगी गुस्सा ? चबा जाएगा !

(मैं अपने मर्द पर नहीं झाड़ूँगी गुस्सा...

(चाची लेकिन सारा गुस्सा घोटके पी गई हैं, उनको कहाँ कभी रंज देखा है।

(उदास ज़रूर देखा है चाची को...

(मैंने चाची को रोते भी देखा है। रोती हैं तो उनका चेहरा लाल हो जाता है।

(हम अक्सर साथ-साथ सोते हैं। चाची को मैं गुरुआइन मानती हूँ। लेकिन वे मुझे अपनी चेली नहीं मानती हैं। कहती हैं, सहेली के बिना दिन कैसे कटेंगे ! चार वर्ष छोटी हो तो क्या हुआ ?

(चाचा की मूँछों पर एक बार मैंने मुँह बनाया, बोली, मइया री ! इतनी भकरार मूँछें ! तुम्हें डर नहीं लगता चाची ?

(उन मूँछों को छोटी करवा लो चाची ! तुम पीछे पड़ जाओगी तो सब हो जाएगा। तुम्हें छोड़कर दूसरा कौन है जो चाचा को आदमी बनाएगा ?

बाहर बरामदे में तख्तपोश पर दोनों बहनें थीं। उमा कब की सो चुकी थी लेकिन गीता को नींद नहीं आ रही थी। पलकें झिपी थीं, अंदर अनाप-शनाप खयाल चक्कर लगा रहे थे। माँ, दोसाला छोटू और बारहसाला दिनेश अंदर पलँग पर गहरी नींद में थे। सर्दी थी। बहुत नहीं, मामूली।

उमा ने करवट ली तो रजाई का आधा हिस्सा तख्तपोश के नीचे झूल गया।

नौ साल की छोटी बहन गाढ़ी नींद में सोई थी। उमा की जाँघ पर हाथ फेरते-फेरते गीता सोचने लगी...

(माँ क्यों तुम पर रंज हैं ?

(तुमने उसके स्वार्थ को धक्का पहुँचाया न !

(दामाद का मनोरंजन...मेरी और कोई सहेली होती तो यह काम माँ उसी के हवाले करती।

(चाची, अपना दिल तुमने किसी को दे रखा है ?

(मठिया से हम वापस आ रहे थे, तुम कितनी खुश थीं ! आज तुम्हारी खुशी दबाए नहीं दबती थी...

(यह क्या सचमुच ही तुम्हारे मामा का लड़का था ?

(नहीं ! अच्छा, न बताओ चाची !

(तुम्हें मेरी कसम ! बतला भी दो...

(देखो चाची, तुम मुस्कुरा रही हो...

(अब तू मुझे मुस्कुराने भी न देगी ?

(क्यों नहीं चाची, खूब मुस्कुराओ ! खिलखिलाकर हँसो न ? ज़रा-ज़रा-सी मुस्कान के भला क्या मतलब होते हैं ? खुलकर हँसो न ! खूब खुलकर, हाँ चाची ! इस तरह खिलखिलाओ कि चाचा के क्वार्टर की छत फट जाए।

(सच, इतना खुश तो मैंने कभी तुम्हें देखा नहीं !

(वह कौन था चाची ? मामा का लड़का ? सच ?

(सच ! अपनी कसम गीता !

(नहीं, मेरी कसम खाओ चाची ! कहो 'गीता की कसम, वह मामा का लड़का था'...

(और मैं अगर झूठी कसम खा लूँ गीता ?

(और मैं अगर बतला ही दूँ कि...

(और मैं अगर...

(नहीं, चाची ! नहीं ! मत खाओ कसम...क्यों खाओगी कसम ? झूठी कसम तो बिलकुल मत खाओ ! यों भी कसम न खाओ...न अपनी, न मेरी; न उनकी, न इनकी...

(चाची, एक बात पूछूँ ?

(तुम डूब क्यों न मरीं चाची ?

(नहीं डूबने दिया गया ? हाय राम, यह भी होता है चाची ? कोई डूबना चाहे और लोग उसे डूबने न दें ?...)

दो-तीन बार करवटें बदलीं गीता ने।

तीसरी बार माँ ने उधर से डाँटा—"सोती क्यों नहीं ?"

"सो तो रही थी।" गीता ने जवाब दिया।

माँ उधर से बोली—"रात को झूठ बोलती है, दिन को भी झूठ बोलेगी..."

"हूँ," गीता ने कहा, "तुमको सारा संसार झूठा-ही-झूठा नज़र आता है माँ !"

"कल दिन-देखार में लड़ लेना मुझसे," माँ ने कहा, "अभी तो सो जाइए महारानीजी !"

अब गीता ने उमा से कहा—"हट्, अपना सारा बोझ क्या मुझी पर डालेगी ?"

उमा ने उसके बदन पर से जाँघ तो हटा ली, लेकिन एक आदेश लाद दिया—"प्यास लगी है बहन, पानी पिलाओ..."

पाकड़ के नीचे किसी ने दो ईंटें रख दी थीं। एक पर एक।

भभीखनसिंह पहला राउंड मारने आए तो ईंट पर बैठकर पाकेट से तंबाकू निकालने लगे। तंबाकू की पत्ती का एक टुकड़ा हथेली पर रखके उसे खोंटने लगे। आज दोपहर को बाज़ार गए थे। घंटाघर से पहले ही लहेरियागंज पड़ता है। सिपाहीजी का अपना एक पुराना सौदागर है, उसी से तंबाकू के पत्ते लाते हैं। आज भी लाए थे। लेकिन अभी तंबाकू के जिस टुकड़े को खोंट रहे थे, वह पंद्रह रोज़ पहले लाए थे।

सुर्ती मसलते-मसलते सिपाहीजी को बूढ़े मिस्त्री का ध्यान आया...वह अच्छी मरम्मत करता है, स्टोव को इतना अच्छा बना देगा कि उगनी चाहे तो उसी पर खाना बनाएगी। उसकी दुकान में खंभे में दीवारघड़ी टँगी है। छोटा काँटा सात पर था। सिपाहीजी ने मुस्कुराकर मिस्त्री से पूछा था—कहाँ से ले आए हैं ? बड़ा अच्छा वक्त देती है !...मिस्त्री को भी हँसी आ गई। दरअसल ग्यारह बजे थे। टार्च के स्प्रिंग को ठीक कर रहा था, निगाहें उसी पर भिड़ी थीं। मिस्त्री ने कहा—“सिपाहीजी, इस तरह हँसिएगा नहीं, नाराज़ हो जाएगी। बड़ी लाड़ली है, शहर के एक बूढ़े रईस की मुहब्बत में पगी हुई। पिछले बीस वर्षों से इन्हीं हाथों से इसका इलाज चलता रहा

है...कल फिर इलाज के लिए आई है...''

मिस्त्री की उस बात पर इस वक्त भी भभीखनसिंह को हँसी आ रही थी। मिस्त्रीजी की उम्र और सिपाहीजी की उम्र लगभग एक-सी है। वह काम में तो उस्ताद था ही, बातचीत करने की कला का भी मास्टर था। सिपाही को बार-बार हँसी आ रही थी—कैसी चतुराई से उसने पुरानी घड़ी को बूढ़े रईस की रखैल बनाके बात कही थी ! उसकी दुकान में दूर-दूर के ग्राहक पहुँचते हैं। स्टूल पर बैठकर मिस्त्री विधाता की अपनी ड्यूटी में मुस्तैद रहता है। इर्द-गिर्द दुनिया-भर का कबाड़ा जमाए रहता है। कोई भी शौकीन तबीयत का ग्राहक उसकी दुकान पर शायद ही जाता हो। बाबू भभीखनसिंह तो पुरानी लालटेन का बर्नर तक उसी से दुरुस्त करवाते थे। आज जाने कहाँ से उसकी दुकान में रेडियो की आवाज़ आ रही थी। सिपाहीजी ने पूछा तो बोला नहीं कुछ, बकरी वाली छोटी दाढ़ी हिलती रही और वह मुस्कुराता रहा। शायद उसकी दाईं ओर मटमैले तारों का जो गुच्छा उलझा पड़ा था उसी से रेडियो की आवाज़ निकाल रहा था।

खैनी मसलते-मसलते सिपाहीजी की आँख एक बार और चमकी। मिस्त्री खिजाब लगाता है—एक बार उसने सिपाहीजी से भी कहा था--जमादार साहब, दुनिया की निगाहों को जँचे तो हम कुछ भी लगा सकते हैं ! ज़रूर उसने भी बुढ़ापे में शादी की होगी, पहले न सही।

भभीखनसिंह जान-बूझकर सुर्ती धीरे-धीरे तैयार कर रहे थे। तिवारी राउंड पूरा करके आनेवाला था। यहीं बैठकर थोड़ी देर तक दोनों जने बात करेंगे और इत्मीनान से सुर्ती थूकते रहेंगे।

ज़रूर तिवारी जनरल वार्ड में नए कैदियों का हुलिया नाप रहा होगा। तिवारी की आदत है। एक भी नया कैदी सीखचों के अंदर दिखाई पड़ा कि तिवारी उसकी जन्मकुंडली के लिए बेताब हो उठता है। जनरल वार्ड में न सही, हाजत में कोई-न-कोई चूहा तिवारी को मिल जाता है...

तिवारी नहीं आया। भभीखनसिंह ने सुर्ती फाँक ली।

मौसम में आज पहली बार चाँद इतना फीका लगा था। कुहरा चाँदनी को खुलकर नीचे आने नहीं दे रहा था। पाकड़ के पत्ते

बिजली की रोशनी में कल की तरह चमक नहीं रहे थे। साठ यूनिट के बड़े बल्ब के प्रकाश को जाने किसने डाँट-फटकारकर मद्धिम कर दिया था।

सामने जेल का गोदाम था। गोदाम की सफेद दीवार पर अपनी परछाईं देखकर भभीखनसिंह क्षण-भर के लिए रुके। गर्दन टेढ़ी करके परछाईं के अंदर मूँछों को प्रतिबिम्बित होने दिया।

परछाईं में मूँछों की नोंक देखकर उन्होंने हाथ उठाया ही था कि एक मोटा चूहा नज़र आया। वह गोदाम की लंबी दीवार से लगी हुई सूखी नाली में से होकर आगे बढ़ा था।

भभीखनसिंह ने लाठी सँभाली। फुर्ती से चूहे की ओर बढ़े। बिलकुल करीब पहुँचकर चूहे पर निशाना जमाया। लाठी के दोनों छोर लोहे के मोटे पत्तर से मढ़े हुए थे। निशाना ठीक जमा और चूहे की कचूमर निकल गई।

भभीखनसिंह ने झुककर देखा, उसकी जीभ और दाँत निकल आए थे। छटपटा रहा था। गुस्से में सिपाहीजी चूहे को संबोधित करके बोले—"साला, पब्लिक का अनाज बर्बाद करता था ! मैं अरसे से तेरी फिराक में था, चोर कहीं का।...अब कैसे दम तोड़ रहा है !"

समाज की संपदा को बर्बाद करनेवाले उस दुष्ट प्राणी की कपाल-क्रिया करके भभीखनसिंह आगे बढ़े तो सीना तन गया था। अब वे इत्मीनान से मूँछों पर हाथ फेर रहे थे।

छोटा बाबू जाने क्यों आज ड्यूटी पर नहीं था। उसका विनोदी स्वभाव सिपाहीजी को बड़ा अच्छा लगता था। वह मखौल भी उनके लिए एक प्रकार का भोजन ही था। आज परिहास का यह 'उप-आहार' नहीं मिला था। बार-बार छोटे बाबू पर ध्यान जा रहा था...क्या पता, चाचा के साथ कहीं निकल गया हो छोटा बाबू। आज छोटे बाबू का अभाव भभीखनसिंह को पहली बार अखरा।

खाना पकाकर उगनी मठिया चली गई थी। अकेले खाना खाते समय बार-बार उसकी याद आई थी। खाते वक्त वह सामने मौजूद होती तो निश्चय ही डेढ़-दो रोटियाँ और खा गए होते। अब सिपाहीजी को लग रहा था कि भूखे हैं। छोटे बाबू की परिहास-प्रियता जो खुराक जुटाती थी आज वह भी नहीं मिली थी...कुछ भी हो, यह पढ़ा-लिखा नौजवान भभीखनसिंह की इज्ज़त भी तो करता

था। मन-ही-मन उन्होंने हमेशा बेटा-भतीजा समझा।

पगला वार्ड में आज एक पागल कैदी लाया गया था। दो-चार दिनों के अंदर ही उसे काँके भेजनेवाले थे। एकाएक भभीखनसिंह के मन में यह बात आई कि पगलवा से गप-शप करें।

अस्पताल वार्ड के निकट सेलोंवाला वार्ड था। वहीं एक सेल के अंदर उसे रखा गया था। दरअसल पागलों के लिए कोई अलग वार्ड नहीं था। पागल कैदी थे भी नहीं। कभी-कभार एक-आध पागल दो-चार रोज़ के लिए बंद किया जाता था। उसकी मौजूदगी में कुछ लोग सेल को ही 'पगला वार्ड' कहते थे।

सेलोंवाले गलियारे में चालीस यूनिट के दो बल्ब आमने-सामने लगे थे। एक छोर पर पागल था, दूसरे छोर पर कोढ़ी। इधर से पागल शोर मचाता तो उधर से कोढ़ी 'राम-राम' की गुहार करता !

सिपाहीजी सीखचों से सटकर खड़े हुए तो पगलवा कागज़ों के टुकड़े फैलाकर दीवार की ओर मुँह किए बुदबुदा रहा था—थर्टीन, फोर्टीन, फिफ्टीन, सिक्सटीन...कागज़ के टुकड़ों को इतने अधिक ताव से पटक रहा था मानो वे ताश की वज़नदार पत्तियाँ हों।

भभीखनसिंह ने फर्श पर लाठी ठोंकी, कहा—"ऐऽऽ, क्या नाम है तेरा ?"

उसने ठहाके लगाए। ज़रा देर के लिए आँखें फैलाकर सिपाहीजी को देखता रहा, फिर उठकर खड़ा हो गया। कैदियोंवाले धारीदार ये कपड़े, निश्चय ही उसे आज ही दिन में दिए गए होंगे। कुर्ता इतनी ही देर में उसने फाड़ डाला था। सीने से नीचे दो हिस्सों में कुर्ता झूल रहा था। बाँहें लेकिन दुरुस्त थीं। पायजामा उधर कोने में पड़ा था। आदिमानव की सनातन भूमिका में वह भभीखनसिंह के सामने खड़ा था।

अपनी देहाती बोली में वह बोला—"वो देखो, सुपरिंटेंडेंट के लिए मैंने अपना पायजामा उतार दिया है। तुम इसे लेते जाओ..."

पागल ने कोने में रखा हुआ पायजामा उठा लिया और उसे सीखचों के पास ले आया। लगता था, भभीखनसिंह को थमाकर ही दम लेगा।

"ससुर कहीं के !" भभीखनसिंह ने सुर्ती थूककर कहा तो उसने फिर ठहाके लगाए।

"ससुर नहीं, मैं तुम्हारा साला मानता हूँ अपने को। मेरी बहन भाग गई थी, मैंने उसकी बड़ी खोज की। ज़रूर वह तुम्हारे साथ रहती है न ?"

यह सुनते ही भभीखनसिंह सुन्न पड़ गए। लगा कि काठ मार जाएगा। लगा कि लाठी हाथ से गिर पड़ेगी। लगा कि इतना पसीना छूटेगा, इतना छूटेगा कि खाकी कपड़े गीले हो जाएँगे, ऊपर का ऊनी स्वेटर भी भीग जाएगा। लगा कि भारी ओवरकोट जमकर पत्थर हो जाएगा...

और सचमुच सिपाहीजी ने पागल के चेहरे की ओर गौर से देखा...कहीं इसका चेहरा उगनी से तो नहीं मिल रहा है ? कहीं इसके शरीर का ढाँचा...मगर भाई-बहन भी तो अक्सर एक-से चेहरेवाले नहीं होते...

पागल ने फिर ठहाके लगाए और लोहे की सलाखों से आकर सट गया। दो छड़ों को दोनों हाथ से थामे, बड़ी-बड़ी आँखों से उसने भभीखनसिंह को देखा। वे चार कदम पीछे हटकर लाठी के सहारे खड़े हो गए थे। कैदी ने चुमकारकर उन्हें पास बुलाया। कहने लगा—"तुमने ठीक कहा था, मैं तुम्हारा ससुर ही लगता हूँ। मेरी बहन-वहन नहीं कभी भागी। बहन भागती तो मैं उसे गोली मार देता..." उसने बाँहें उठाकर हथेलियों को सिकोड़ लिया, उँगलियों की ऐसी मुद्रा बनाई मानो पिस्तौल चलाएगा।

सिपाहीजी ने सोचा, इसकी कौन बात सच थी। पहली या दूसरी।

फिर उन्होंने हनुमानजी की याद करके लाठी पटकी। मन के भ्रम को झाड़कर हल्के हुए—इस ससुर की बातों को सच मानना पागलपन होगा...

लौट पड़े। निश्चय किया, जब तक पगलवा रहेगा, इधर नहीं झाँकेंगे।

लगता था कि अब वे भी जनरल वार्ड की ओर जाएँगे। लेकिन पैरों ने उन्हें ज़नाना वार्ड की ओर बढ़ा दिया। क्या पता वह हत्यारिन कल-परसों तक चली जाए !

बीच में ही तिवारीजी मिल गए। बोले—"गंडक के किनारे डाका पड़ा था न ? उस मुकदमे में सोलह आदमियों को आज

अदालत ने सज़ा सुना दी। सबके सब जनरल वार्ड में पहुँचा दिए गए हैं। मैं तुम्हें खोज रहा था भभीखन भाई, चलो उनकी बातें सुनें। मैं तो वहीं था। दो-चार तो उनमें से पढ़े-लिखे मालूम पड़ते हैं..."

भभीखनसिंह ने कहा—"तुम चलो, मैं दस मिनट में आता हूँ। बस, जनाना वार्ड बाकी रह गया है।"

तिवारी ने डिबिया से तैयार सुर्ती निकाली। हथेली आगे बढ़ाकर लेने का आग्रह किया। भभीखनसिंह ने आगे बढ़कर चुटकी-भर खैनी उठा ली, उसे अपने होंठों के हवाले किया। आँखें नचाकर बोले—"नई लाए हो न ? मैंने पाकड़ के नीचे बड़ी देर तक तुम्हारा रास्ता देखा..."

फिर उन्होंने तिवारी से चूहेवाली बात बताई। आँखें चमक रही थीं। साथी की इस खुशी को तिवारी ने उत्साह में नहीं लिया। बोला—"अपना क्या बिगड़ता था ? नाहक तुमने एक जीव की हत्या कर दी !"

भभीखनसिंह की भौंहों में तनाव पड़ गया। चलते-चलते बीच में ही पैर ठिठक गए। सीने का पूरा बोझ लाठी पर डालकर उन्होंने तिवारी की ओर पैनी निगाहों से देखा। कहने लगे—"सुनो तिवारी, देश की दौलत को नुकसान पहुँचानेवाला हमारा वैसा ही दुश्मन है जैसा कि हमारी सीमाओं के अंदर घुसपैठ करनेवाला। हम न उसको छोड़ेंगे, न इसको छोड़ेंगे।"

तिवारी ने अपनी लाठी को बाँहों के सहारे पीठ पर उलझा लिया और एक खास अदा में आगे बढ़ता हुआ बोला—"चूहों पर अपनी बहादुरी दिखाना बेकार है। कहते हैं, चूहोंवाले घर में लक्ष्मीजी का निवास रहता है..."

"लक्ष्मीजी का नहीं, दलिद्रा का निवास रहता होगा !"

"कैसा भी कहो, तुमने अच्छा नहीं किया भभीखन भाई !" तिवारी ने थूकते हुए कहा। भभीखनसिंह ने उसकी ओर देखा। सोचने लगे—ऐसे लोगों का वश चले तो सारा देश चूहों के हवाले कर दें...।

इस सिलसिले में भभीखनसिंह को उगनी की वह बूटेदार चोली याद आई जिसे चूहे ने काट दिया था। सुर्ख ग्राउंड पर सफेद बूटोंवाली यह नफीस चोली मोरछाप नीले किनारोंवाली गुलाबी साड़ी

के साथ ही पाकिस्तान के पूर्वी सीमांत के पास रहनेवाले भानजे की तरफ से नवेली मामी के लिए आई थी। उतनी अच्छी चोली छूकर भभीखनसिंह ने जीवन में पहली बार देखी थी और मन-ही-मन उसे बेहद पसंद किया था। उगनी ने लेकिन दो ही चार बार वह चोली पहनी होगी। जाने कैसे चूहे ने उसे काट दिया ! उगनी को इसका रत्ती-भर अफसोस नहीं हुआ। गीता ने अपनी ओर से इतना ज़रूर कहा था–"चाचा, घंटाघरवाले मार्किट से चोली का कपड़ा चाची के लिए मँगवा दीजिए, वे खुद तो कहेंगी नहीं।" पतिदेव लेकिन इस इंतज़ार में थे कि पत्नी अपने मुँह से कहेगी तो एक क्या, चार-चार चोली के लायक कपड़ा मँगवा देंगे, वही सफेद बूटोंवाली सुर्ख ग्राउंड का कपड़ा...यह नहीं हो सका क्योंकि उगनी ने अपने मुँह से नहीं कहा था। बाकी दस औरतों ने जिस चोली की प्रशंसा की थी, उसी के बारे में उगनी की यह चुप्पी कभी भभीखनसिंह की समझ में नहीं आई ! जो हो, चूहे बड़े बदमाश होते हैं। भभीखनसिंह का वश चले तो एक भी चूहा कहीं भी दिखाई न पड़े...!

तिवारी जेल की दीवारों के किनारे-किनारे अंदर की पूरी परिक्रमा के लिए आगे बढ़ा। भभीखनसिंह चुपचाप ज़नाना वार्ड की ओर चले।

जूँओं ने उसे परेशान कर रखा था। जाने कब से बाल नोच रही होगी ! फाटक की ओर रुख किए उकड़ूँ बैठी थी और दोनों हाथ बालों के जंगल में उथल-पुथल मचा रहे थे। दस में से एक भी उँगली आराम नहीं ले रही थी। दाँतों पर दाँत जमाकर वह उस मोर्चे पर भिड़ी थी।

भभीखनसिंह ने देखा तो उन्हें दया आई उस पर। कहने को आमने-सामने बैठी थी, लेकिन परेशानी के मारे आपे में नहीं थी। दो-चार रोज़ बाद सेंट्रल जेल ले आएँगे, तब शायद इसके बालों की सफाई का मौका आएगा।

सिपाहीजी ने सोचा–सेंट्रल जेल का डॉक्टर अगर हमदर्दी से न भी काम ले, खाली समझदारी का भी परिचय दे तो इस औरत को जूँओं से छुटकारा मिल जाए। तेल-साबुन के इस्तेमाल में झमेला रहेगा, इन बालों को कटवा ही दिया जाए ! दस साल बाद रिहा होगी तो अपना शौक-सिंगार कर लेगी, चार-छह महीने में बाल फिर बढ़ा

लेगी और फैशन मारेगी।

कमरे में आधी दूर तक बिजली की रोशनी पहुँच रही थी ! जहाँ अँधेरा था, उधर भी प्रकाश का आभास था। सलाखों की लंबी परछाइयों को चीरते हुए दो झींगुर गश्त लगा रहे थे, भभीखनसिंह की निगाहों ने उनका पीछा किया। एक काला चींटा अँधेरे से आकर रोशनी की तरफ बढ़ा तो झींगुरों से उसका मुकाबला हुआ। चींटे की काली छाया सामने सरक आई तो एक झींगुर क्षण-भर के लिए सहमा-सा रुका रहा, फिर बगल काटकर निकल गया। दूसरे ने भी वैसा ही किया।

भभीखनसिंह ने सोचा—जीव-जंतु चाहे कितने छोटे हों, अपने काम लायक समझदारी उनमें ज़रूर रहती है। झींगुर चाहें तो चींटे को घेरकर परेशान कर सकते हैं लेकिन उन्हें नाहक छेड़छाड़ पसंद नहीं। बाघ भी भूखा रहता है तभी हमला करता है या फिर घबराहट में पड़कर पंजा मार बैठता है...झींगुर देर तक गश्त लगाते रहेंगे। चींटा उनके बीच से आता-जाता रहेगा। लगता नहीं है कि वे आपस में उलझेंगे।

पाकिट से तंबाकू निकालकर वे उसे हथेली पर खोटने लगे। लाठी फाटक की बगल में दीवार से टिका रखी थी। उस औरत से उन्होंने पूछा—"नहाती क्यों नहीं ? बालों में चिकनी मिट्टी मसलके कभी-कभी नहा लिया करेगी तो इस तरह सिर नहीं खुजलाना पड़ेगा।..."

"ईह, जाड़े में इन्हीं के कहने से कोई नहा लेगी।" वह तुनकके बोली और पलट के बैठ गई।

"बड़े जमादार से कहकर मैं तेरे लिए पानी गरम करवा दूँ तो ?"

इसका उसने कोई जवाब नहीं दिया। सिपाहीजी समझ नहीं पा रहे थे कि कैसे दस साल यह जेल में रहेगी, निश्चय ही बीमार पड़ेगी और कमज़ोर होती जाएगी...टी.बी. भी हो सकती है, मर भी सकती है ! नहीं, मरेगी नहीं। ऐसी औरतें भारी कठजीव होती हैं। सूखकर लक्कड़ बन जाएँगी, फिर भी प्राण-पखेरू को साँसों में रोके रहेंगी। मर्द इतना नहीं झेल सकता, वह 'टन्न' से टूट जाएगा...दस वर्ष बाद जब वह जेल से निकलेगी, दस-बीस बाल ज़रूर पक चुके होंगे। नहीं

भी पक सकते हैं। भभीखनसिंह की मौसी सत्तर पार कर गई, उसके बहुत थोड़े बाल पके हैं। पचास की थी तब तो एक भी रुपहला बाल सिर पर नहीं था...यह साँवली सूरत की पतली-छरहरी औरत है, इसके बाल पचास तक पकने लग जाएँगे। ठिगनी होती तो मौसी की तरह बुढ़ापे को साठ साल की उम्र तक अँगूठा दिखाती। तो जेल से निकलने के बाद इसका क्या होगा ? यह अपने को रंडियों के बाज़ार में पहुँचा देगी ? उमर ढल चुकी होगी, शादी तो कोई इससे करेगा नहीं !

भभीखनसिंह के ध्यान में उगनी आ गई थी ! लगा कि पैंतीस-चालीस वर्ष की उगनी सामने खड़ी है, भीख माँग रही है। चेहरे का पानी उतर चुका है, आँखें धँसी हुई हैं। मैला-फटा आँचल फैलाकर वह कुछ माँग रही है...

कल्पना की यह उगनी सिपाहीजी को अच्छी नहीं लगी। भला, उगनी आगे संकट में क्यों पड़ेगी ? भभीखनसिंह के नाम पर पुश्तैनी जायदाद कम नहीं है। चार बीघा ज़मीन है, आम का बगीचा है, छोटा-सा पक्का कुआँ है, दो बैल हैं, एक भैंस है, खपरैल का मकान है...यह दूसरी बात है कि छोटा भाई खोटी तबीयत का है। भाई की नीयत नहीं है कि भभीखनसिंह कभी गाँव आके रहें, अपने हिस्से की जायदाद सँभालें। लड़का हो चाहे लड़की, अगले आसिन में भरी गोदवाली उगनी को साथ लेकर वे अपने गाँव पहुँचेंगे और चार-छह महीने के लिए परिवार को वहीं छोड़ आएँगे। अपने गँवई जीवन की भावी असुविधाओं पर सोचते-सोचते उन्होंने सुर्ती थूकी और लाठी उठाकर पीछे लौटे।

(छोटा भाई भारी दुष्ट है। उसने कहीं भाभी को अपनी मुट्ठी में कर लिया तो जुलुम होगा ! जनाना की जात, क्या ठिकाना है इनका ? सिखाने-पढ़ाने पर अपने मर्द को उगनी ज़हर नहीं देगी ?

(नहीं, उगनी ज़हर नहीं देगी। और चाहे कुछ करे, यह भभीखनसिंह की जान नहीं लेगी। कोख में सात महीने का बच्चा लेकर वह भाग भले ही जाए मगर किसी को ज़हर नहीं खिला सकती। खुद ज़हर खाके हमेशा के लिए सो जाएगी, सो होगा...

(लेकिन उगनी को लेकर वे देहात जाएँगे ही क्यों ? क्या ज़रूरत है देहात लौटने की ? ज़मीन-जाल बेचकर रकम ले आएँगे,

दो कट्ठा ज़मीन यहीं कहीं आसपास खरीद लेंगे। आहिस्ता-आहिस्ता ईंटों का जुगाड़ होगा, ढाई-तीन कमरोंवाला घर क्यों नहीं तैयार होगा ? ऊपर छत न सही, खपरैल ही सही।

(उगनी माँ बन जाएगी। भभीखनसिंह तीन चाबियों का गुच्छा अपने जनेऊ में नहीं बाँधेंगे, उसे वे अपनी घरवाली के हवाले कर देंगे। रामजी की दया होगी, दूसरी बार भी उगनी के पैर भारी होंगे और तीसरी बार भी...नहीं, ज्यादा बच्चे न हों ? एक लड़का, एक लड़की...और बच्चा तो बिलकुल नहीं चाहिए। दो से ही नेम-धरम निभ जाएगा।

(ज्यादा तो नहीं हैं, ढाई-तीन हज़ार रुपए जेल के खजाने में जमा कर रखे हैं। बेर-वक्त पर रकम काम आएगी। उगनी आई है तो खर्चा भी बढ़ा है। पहले तीस-चालीस में खींच ले जाते थे, अब उतनी रकम और लग जाती है। किसी महीने में पचहत्तर, किसी में सत्तर, और कभी-कभी अस्सी भी बच जाते हैं।

(तिवारी की बीवी ने कहलवाया था। उगनी अस्पताल जाएगी और पाँच-सात रोज़ वहाँ रहेगी, इसमें रोजाना दस रुपए का नोट ज़रूर उड़ेगा। जच्चा-बच्चा के लिए आगे भी महीनों तक पथ-परहेज और पुष्टई का काफी सर-सामान लगेगा...भभीखनसिंह अभी से तैयार हैं। मुट्ठी खोलनी होगी तो बिना किसी हिचक के खोलेंगे मुट्ठी। पिछले साल माँ मरी थी, श्राद्ध में पंद्रह सौ लग गए। चार वर्ष पहले भानजी का ब्याह हुआ तब भी एक हज़ार का बोझा उठाना पड़ा था।...)

बिजली की रोशनी में अपनी परछाईं से बातें करने का जी कर रहा था भभीखनसिंह का...एक उड़ंतू चिड़िया को पकड़ लाए थे, उसे घोंसले में डाल रखा था। वह अंडा देनेवाली थी...कहीं वह बीच में ही फुर्र से उड़ तो नहीं जाएगी ? कहते हैं, अंडा देना होता है तो चिड़िया घोंसला नहीं छोड़ती। उनकी गौरैया अब कहाँ जाएगी घोंसला छोड़कर ? उड़ना होता तो पहले ही उड़ चुकी होती...

भभीखनसिंह को याद आया : कैसे क्वार्टरों में अफवाह गर्म हो उठी...उगनी का माथा खराब है ! और कैसे, अफवाह अपने-आप ठंडी पड़ गई !

भभीखनसिंह को याद आया : कैसे महीनों तक वह काबू में

नहीं आई...कैसे अगले दो दिन, दो रात उगनी रोती रही, भूखी रही दो दिन, दो रात ! और कैसे तिवारी की बड़ी बेटी (गीता) आरजू-मिन्नत करके उसे खाना खाने के लिए मना सकी !

भभीखनसिंह को याद आया : मठिया के बाबाजी ने कैसे जजमानिन के ग्रहों की शांति के लिए रामायण का 'नवाह' पाठ किया था ! और कैसे तिवारी ने आसिन की 'नवरात्रि' में दसों दिन चंडी का पारायण करवाया था। और कैसे हवन के अंत में सिपाहीजी और उनकी घरवाली के हाथों पूर्णाहुति दिलवाई थी अग्निकुंड में !

भभीखनसिंह को याद आया : कैसे कातिक की पूरनमासी के दिन तिवारीजी की बीवी ने शुभ समाचार सुनाकर इन कानों में अमृत घोल दिया था ! और, कैसे वे घंटाघर जाकर सेर-भर रसगुल्ले और गुलाब-जामुन उठा लाए थे...और कैसे उगनी ने मिठाई का एक टुकड़ा भी अपने मुँह के अंदर जाने नहीं दिया था...

सोचते-सोचते माथा फटने लगा।

सिपाहीजी ने तय किया, आज अब राउंड नहीं देंगे। अस्पताली वार्ड के चबूतरे पर जाकर लेट जाएँगे। नींद नहीं भी आएगी तो भी आँखें मूँदे पड़े रहेंगे।

सिपाहीजी को थकान महसूस हो रही थी। बंबे से अंजुरी भिड़ाकर उसमें मुँह लगा दिया, जी-भर पानी पीकर अस्पताली वार्ड की ओर बढ़ आए। अभी-अभी घड़ियाल को एक बार ठोंका गया था।

ऊँची दीवार को पार करके मशीनी चिराई की अविराम सर्राहट हमेशा की तरह इस समय भी आ रही थी। सेलों की तरफ से कुहरे को चीरकर फिल्मी धुनों के मिक्सचर अभी-अभी तरंगित हो उठे थे, यह चमत्कार ज़रूर ही पागल के गले का था।

वह भी क्वार्टर था। यह भी क्वार्टर है।

वह क्वार्टर था, लाल ईंटोंवाला। पुराने ढर्रे का। तंग। उसमें इतने बड़े-बड़े जंगले कहाँ थे। सीमेंट का ऐसा बढ़िया फर्श कहाँ था उसमें ! न नल था, न नहाने का घर, न पाखाना। पचास वर्ष पहले का बना होगा।

यह भी क्वार्टर है। बाहर सफेद, भीतर सफेद। नए ढर्रे का, खुला-खुला। खूब हवा आती है, धूप भी खूब आती है। फर्श इतना अच्छा, इतना चिकना कि तबीयत खुश हो जाती है देखते ही। पानी की इफरात। बढ़िया बाथरूम। फ्लशवाला पाखाना। हाल-हाल बनके तैयार हुआ है। चार ही छह महीने हुए हैं। भाभी की छोटी बहन के पति के नाम अलाट किया गया है। वह ओवरसियर है, ढाई सौ रुपए पाता है...

भाभी ने खिलखिलाकर कहा—"जंगल में नहीं भगा लाई हूँ। अंठारह सौ क्वार्टर हैं। यहाँ इंदिरा अकेली नहीं है। हज़ारों इंदिराएँ बाल-बच्चों के साथ रहती हैं। मेरी बहन के तो एक ही लड़का है। वह तुम्हें परेशान नहीं करेगा। परेशान करेगा कामेश्वर...मगर कामेश्वर तो जेल से इन्सान बनके बाहर निकला है, वह क्या किसी को परेशान करेगा !"

उगनी बड़े गौर से भाभी की बातें सुन रही थी। आज चेहरा खिला हुआ था। रास्ते की थकान कल ही उतर चुकी थी। भाभी के हाथ में दातुन थी, वे उगनी के कंधों पर झुक आईं। बोलीं—"बाप रे ! परसों और कल कितना सोई हो तुम ! कुंभकर्ण की तरह ! नहीं ?"

प्रश्न में भाभी की आँखें बड़ी-बड़ी हो गईं।

"आज भी सोऊँगी," उगनी ने कुर्सी की पीठ के सहारे खड़ी भाभी को अपनी उल्टी बाँहों के घेरे में ले लिया और कहा—"सोती रहूँगी, शाम तक सोऊँगी। देखना मुझे कोई जगाए नहीं।"

उसके माथे पर अपनी ठोड़ी टिकाकर भाभी बोलीं, फुसफुसाकर—"कामेश्वरी को और कौन जगाएगा, कामेश्वर ही जगाएगा !"

"कामेश्वरी कहाँ, मैं तो उग्रतारा हूँ !"

"एक देवी के सौ नाम, हज़ार नाम ! मेरे नाना भारी पंडित थे, वही कहा करते थे..."

"नहीं भाभी, तुम लोग मुझे सीधी-सादी उगनी ही रहने दो ! न उग्रतारा, न कामेश्वरी, न देवी...?"

"नाम में क्या रखा है पगली ?"

स्टोव पर केतली थी। चाय का पानी खौल रहा था। अलमूनियम की छोटी-सी परात पड़ी थी स्टोव के पास ही, गुँधा आटा ढँका था भीगे कपड़े से।

पूस का सवेरा। जाड़े की धूप। दक्खिन रुख का बरामदा। नाश्ते की तैयारी।

सुबह-सुबह महरी आई थी, बर्तन धो-पोंछके रख गई, किचन और आँगन का फर्श धो गई है। उगनी छह बजे ही नहा चुकी थी।

भाभी बाथरूम के अंदर से बोलीं—"कामेश्वर को देर भी लग सकती है, हम क्यों न नाश्ता कर लें ? तुमको भूख नहीं लगी है ? मुझे तो ज़ोरों की लगी है। दो-चार पराँठे तल लो। आले में मर्तबान होगा। मिर्च का अचार निकाल लो !"

उगनी स्टोव के पास बैठ चुकी थी।

पहला पराँठा उतारा ही था कि बाहर खट-खट की आवाज़ हुई।

दूधवाला था। मूँछोंवाला अधेड़।

उगनी पतीला लेकर आगे बढ़ी, ध्यान में बाबू भभीखनसिंह आ गए थे। सोचा, रोज़ दूध देने आएगा और रोज़ ये मूँछें सिपाहीजी की याद दिलाएँगी। रंग लेकिन इसका साँवला है, सिपाहीजी का गेहुँआँ। उनकी डील-डौल भी अच्छी है, नाक-नक्श भी अच्छे हैं... भाभी ने कल ही इससे कह दिया है। हाँ, अभी सेर-भर दूध रोज़ देता जाएगा। जेठ के बाद बहुत दूध लेना पड़ेगा, महीने-दो महीने जच्चा दूध-घी ही के सहारे तो रहती है...

दूध देकर ग्वाला चला गया तो उगनी ने फाटक बंद किया। भाभी अब भी बाथरूम के अंदर थीं।

पराँठे और मिर्च का अचार। यह तो होगा नाश्ता, खाना क्या-क्या बनेगा ? उगनी अपने मन से तय करेगी कि क्या-क्या बनेगा ? नहीं, भाभी जैसा बताएँगी वैसा किया जाएगा।

आलू और बैंगन कल के पड़े हैं। आज शायद भाभी गोभी का फूल पसंद करें। उगनी को सेम की फलियाँ याद आ रही थीं, हल्के हरे रंग की छोटी-छोटी फलियाँ सेम की। पिसी हुई सरसों और आम की सूखी फाँकें डालकर। भारी बखेड़ा होगा लेकिन, सरसों कौन पीसेगा... ?

भाभी नहा-धोकर निकल आईं।

बालों को माथे पर लपेटकर जटा-जूट बना लिया था, बड़ी अच्छी लग रही थीं। उगनी ने क्षण-भर उन्हें देखा, बोली—"भाभी, इस वक्त तुम्हारे गले में रुद्राक्ष की माला होती तो..."

"तो मैं गौरा पार्वती लगती न ?" भाभी हँसीं।

"हाँ भाभी, मैं भी यही सोच रही थी !"

भाभी कपड़े पहन आईं, पीढ़ा खींचकर बोलीं—"भूख लग आई मुझे तो !"

"तो लो न ! कब से बुला रही हूँ..."

"रात लंबी होती है। सवेरे-सवेरे पेट कुलबुलाने लगता है।"

"मेरा पेट कहाँ कुलबुलाता है सवेरे-सवेरे ?"

"हूँ..."

भाभी मुस्कुराईं। उगनी समझ गई। उसका पेट किसी और वजह से कुलबुलाएगा...

पहला पराँठा खत्म करके भाभी ने पानी पिया।

"अभी दो और।"

"बस ?"

"मगर तुम कामेश्वर को आने दो !"

"अच्छा भाभी ! क्या-क्या बनेगा अभी ?"

"गोभी का फूल आएगा, आलू है ही। भात-दाल सिझा लेना। रोटी अभी नहीं, रात को पकाना।"

"मिले तो आँवले मँगवा लेना भाभी !"

"चटनी के लिए न ! तुम्हें तो इन दिनों चटनी-फटनी चाहिए ही...!"

अंत में चाय का दौर चला। उसमें उगनी भी शरीक हुई।

भाभी 'आज' लेकर बैठी ही थीं कि कामेश्वर आ गया। झोले में सामान था। उगनी को झोला थमाकर वह भाभी के सामने आ बैठा।

"पहले नहा लो !" भाभी बोलीं।

"बाद में नहा लूँगा।"

"नहीं, नहा ही लो बाबू !"

"लो अभी नहा आता हूँ !"

भाभी ने दोनों को आमने-सामने बैठा दिया। नीचे फर्श पर काला कंबल बिछा था। दोनों एक-दूसरे की ओर रुख किए बैठे थे। उनकी समझ में नहीं आ रहा था कि भाभी यह कर क्या रही हैं !

इधर-उधर आठ-दस अगरबत्तियाँ सुलग उठीं। कमरे के अंदर चंदन का सौरभ फैलने लगा। जाड़े की खुशगवार धूप तिरछे पड़ रही थी और बंद होने पर भी रोशनदान के शीशे अंदर प्रकाश की परछाइयाँ बरसा रहे थे, साथ-साथ सुखद गर्मी भी आ रही थी।

ऊपर फ्रेमों में मढ़े तीन-चार फोटो टँगे थे। सभी-के-सभी भाभी की बहन और बहनोई के पारिवारिक चेहरे थे, इनमें से किसी को उगनी ने देखा नहीं था। दो खूबसूरत कलेंडर भी निगाहों को अपनी तरफ खींच रहे थे।

कामेश्वर ने हँसकर पूछा—"कौन-सी कसरत करवा रही हो भाभी ? बता भी तो दो !"

उगनी गंभीर हो रही थी। उसने भी भाभी की ओर देखा।

सिंदूर-भरी कटोरी सामने रखकर भाभी बोलीं—"आज यह विधि पूरी होगी। मैं पुरोहित हूँ। लो, चुटकी में सिंदूर लो और उग्रतारा की सींथ भर दो बाबू ! उठो..."

कामेश्वर ने चुपचाप भाभी की आज्ञा का पालन किया।

उगनी की आँखों में इतने अधिक आँसू छलक आए थे कि बेचारी को कुछ भी दिखाई न दे रहा था।

दोनों ने उठकर भाभी को बारी-बारी से प्रणाम किया, अच्छी तरह पैर छूकर। भाभी ने आशीष दी—"दीर्घायुर्भव ! सौभाग्यवती भव !!" दाहिना हाथ उगनी और कामेश्वर की पीठ पर फिरता रहा।

जाने कहाँ से भाभी दो अँगूठियाँ निकाल लाईं, बोलीं—"एक-दूसरे को पहना दो !"

फिर मिसरी का एक-एक टुकड़ा थमा दिया।

"इसका क्या होगा ?" कामेश्वर ने पूछा।

भाभी ने कहा—"उसके मुँह में डाल दो।"

"वाह !" कामेश्वर विनोद में बोल गया—"यह कैसे होगा ? वह तो मिठाई का अपना हिस्सा चाँपे हुए है और मैं यह भी उसे दे दूँ ? अच्छा इन्साफ है आपका, शाबास मेरी भाभी !"

कामेश्वर की यह शरारत भाभी को अच्छी लगी। खिलखिलाकर हँसती रहीं। बोलीं—"अच्छा हुआ ! लो, अब एक-दूसरे के मुँह के अंदर मिसरी डाल दो। जल्दी करो...तुम्हें भूख भी तो लगी है ! उगनी तो खैर लड़की ठहरी, जुबान नहीं खोलेगी।"

उगनी सचमुच चुप रही।

उन्होंने एक-दूसरे के मुँह में मिसरी का टुकड़ा डाल दिया।

"अब जाओ, तुम लोग नाश्ता कर लो !" भाभी ने कहा—"आसन-वासन मैं उठा लेती हूँ।"

'ऐसी भी क्या हड़बड़ी थी कि तुम्हें शाम की ट्रेन से जाना ही था !...' भाभी के बारे में सोचने से अपने को किस तरह रोके बेचारी उगनी ? आज ऐसी घटना घटी थी, जिसकी कल्पना का आभास तक उगनी को नहीं था ! आज एक पुरुष ने गर्भिणी नारी के सीमंत में सिंदूर भरा था ! धोखे में ? नहीं, जान-बूझकर। उसके होशो-हवास दुरुस्त थे, विवेक सजग था, आवेग या आवेश चेतना पर हावी नहीं था। सभी बातें उसे मालूम थीं।

हाँ, सभी बातें मालूम थीं कामेश्वर को, फिर भी उसने उगनी की माँग में सिंदूर भरा है !

कामेश्वर ग्यारह बजे तक जागता रहा। बातें करते-करते पलकें झिंपने लगीं। उगनी ने कहा—"अब तुम सो ही जाओ ! सारा दिन भटकते रहे हो..."

उसकी एक हथेली को अपने सीने से लगाकर कामेश्वर ने आधी मुँदी आँखों से उसे देखा और आहिस्ता से कहा—"हाँ, नींद आ रही है। तड़के आँख खुल जाएगी तो मैं तुम्हें जगा दूँगा।"

"शायद मैं तुम्हें जगा दूँ !" उगनी ने कहा और मुस्कुराई। उसका माथा अपने तकिए पर आ गया और कामेश्वर को अगले ही क्षण नींद आ गई।

नेपाली पहरेदार राउंड पर है। यह शायद दूसरा राउंड है। रात को कालोनी की हिफाजत के लिए यह व्यवस्था की गई होगी। एक ही नहीं, कई नेपाली होंगे। उगनी का जी करता है कि पहरुआ ठीक उस जंगले के सामने से गुजरे। लेकिन वह इस ओर कहाँ आ रहा है ! नहीं, आ रहा है।

स्क्वायर के बीचोंबीच छोटी सड़कें एक-दूसरी को काटती आगे निकल गई हैं। दूसरे स्क्वायरों का भी यही ढाँचा है। ईंट और कंक्रीट और सीमेंट और लोहे की छड़ों के सहारे तैयार हज़ारों इकतल्ले क्वार्टरों की यह नई आबादी गाँव नहीं है तो शहर भी नहीं है। उगनी के लिए यहाँ का सबकुछ नया है, पुरानी एक भी वस्तु यहाँ नहीं है। यहाँ की निर्जनता भी नई है, सन्नाटा भी नया है। झींगुरों की झंकार में गाढ़ापन भरनेवाला वह अंधकार कहाँ गया है ? अंधकार में इंगित भरनेवाला वह जुगनू कहाँ गया ?

आहिस्ता कुर्सी उठा लाई और जंगले के सामने बैठ गई। उगनी को अभी काफी देर तक नींद नहीं आएगी। वह चाहेगी कि बचपन से लेकर हाल तक बहुत कुछ सोच जाए अपने बारे में। शायद ही सोच पाएगी।

आज पिछली स्मृतियाँ उस तरह उगनी के मन में नहीं आ रही हैं, छिटपुट धब्बों की तरह उभरती हैं और अगले ही क्षण मिट जाती हैं। आगे की सुखद कल्पनाओं के रंगीन गुब्बारे ध्यान में उभरते हैं, उभरते ही चले जाते हैं...नवजात शिशु के मुलायम हाथों की गुलाबी मुट्ठियाँ बहुत सारे सूतों को मजबूती से थामे हुए हैं, उन्हीं के सहारे गुब्बारे हवा में फहरा रहे हैं...

जी कर रहा है, कालोनी में थोड़ी देर के लिए अँधेरा छा जाए और जेल का घंटा बजे—एक, दो...

(हाँ, एक...दो...तीन...चार...

(सिपाहीजी, आप उस रात चार बजे लौटे होंगे तो क्वार्टर के दरवाज़े के सामने फर्श पर लाठी बजी होगी 'ठन्न' से !

(दरवाज़ा नहीं खुला होगा...

(फिर बजी होगी लाठी...

(फिर आपने हुंकार भरी होगी, गले को साफ किया होगा...

(और अंत में झुँझलाकर अपने साँकल को टटोला होगा ! नहीं

सिपाहीजी ?

(अलीगढ़वाला वह ताला आपकी अपनी पसंद का है, दस साल पुराना है। आपने तो नहीं, तिवारी की बीवी ने मुझे बतलाया था। दो चाबियाँ थीं। उस रोज़ शाम को आपके ओवरकोट की पाकिट में एक चाबी मैंने डाल दी थी।

(परेशानी नहीं हुई न ? ताला नहीं न तोड़ना पड़ा ?

(देखिए सिपाहीजी, आपकी कोई चीज़ मैं नहीं लाई हूँ...

(मोरछाप नीले किनारोंवाली वह गुलाबी साड़ी अब आप क्या करेंगे ?

(अगले सवेरे तिवारी को चाय नहीं मिली होगी और गीता बहुत रोई होगी !

(गीता मेरी, तू बहुत रोई न ?

[हाँ, चाची !...नहीं चाची, मैं तुमसे नहीं बोलूँगी ! कितनी निठुर हो तुम...

(हाँ, गीता, मैं बड़ी निठुर हूँ ! बड़ी बेरहम ! मैं तुझे अभी और रुलाऊँगी गितिया !

[जी नहीं भरा है ?

(जी भरेगा मेरा ? आँसुओं से ? इतनी जल्दी ? अच्छा भाई, गीता एक बात पूछूँ ?

[पूछो न चाची! ज़रूर पूछ लो...मैं सबकुछ बतला दूँगी। मैंने कभी तुमसे कुछ छिपाया नहीं चाची !

(तेरी माँ इन दिनों तुझसे इतना लड़ती क्यों है ? शादी के बाद उसका रवैया बदला है शायद !

[मैं क्या जानूँ !

(हुँ...बाप तो बेटी की इतनी तारीफ करे और माँ इस तरह बेटी से लड़ती रहे ! मइया री !

[चाची, तुम क्या जानो पिता का प्यार !

(मगर मेरी माँ तो मुझसे कभी लड़ी नहीं...

[क्या कहा ? माँ ? तुम्हारी माँ जीती है ?

(हूँ, जीती है ! ज़रूर जीती है ! मैंने कब तुझसे कहा कि नहीं जीती है ?

[हाँ, कहा था !

(मुझे बहुत झूठ बोलना पड़ा...

[अब आगे झूठ नहीं बोलोगी ?

(अब क्यों झूठ का दामन पकड़ूँगी ?...

किचन के बर्तन गिरने की आवाज़ आई तो उगनी का ध्यान टूटा।

ज़रूर बिल्ली अंदर गई होगी। मछली का सालन बना था। चितकबरी दीवार पर से शाम को भी कूदी थी। बिल्ली की वह छलाँग उगनी को अच्छी लगी थी। किचन में किवाड़ खुली रह गई थी क्या ? हाँ, यही हुआ होगा। भाभी शाम की ट्रेन पकड़ने के लिए कामेश्वर के साथ स्टेशन रवाना हुईं तो उगनी क्वार्टर के बाहर रिक्शे तक गई। रिक्शा चला तो अंदर चली आई। खिड़की से देखती रही।

बरामदे का स्विच ऑन हुआ।

बिल्ली भाग चुकी थी। उसे और तो कुछ मिल नहीं सका, काँटों पर ही खेल गई होगी। हाँ, रेहू का आधा कंकाल अवश्य था जिसे भाभी ने चूस-चबाकर छोड़ दिया था। इससे चितकबरी का काम चला होगा।

उगनी ने किचन की किवाड़ी अच्छी तरह लगा दी।

पीतल की बाल्टी में पीने का पानी भरा था, बरामदे के कोने में। आधा गिलास पानी पिया। अंदर पहले कमरे में पलँग के नज़दीक गई। बरामदे की बिजली का आलोक तो नहीं, उसका दबदबा अवश्य था अंदर भी। उगनी ने झाँककर कामेश्वर के चेहरे को देख लिया, साँसों की रफ्तार सहज थी और नथुने मशीनी हरकत में फूल-सिकुड़ रहे थे।

उसने बार-बार कामेश्वर को देखा।

ऊनी कंबल कमर तक थी। वह कुर्ता पहने ही सो गया था। जाकिट ज़रूर उतारकर खूँटी में टाँग दी थी।

उगनी उसके चेहरे की ओर देखती रही।

देखती रही, सोचती रही।

सोचती रही, देखती रही...

आज वह नए सिरे से सुहागिन बनी थी। उसकी माँग में आज नए सिरे से सिंदूर भरा गया था। अपनी पसंद का युवक ही उसका पति बना था आज। कल तक कामेश्वर उगनी का प्राणवल्लभ था,

आज वह उसका सबकुछ था। अंदर पल रहे चार महीने के भ्रूण को उसकी निश्छल आशीश मिल गई थी...

मठिया की बगीची में बातें करते-करते दूसरी बार भी उगनी रो पड़ी थी। रोती रही थी। आँसू रुक ही नहीं रहे थे...

(तुम इन आँसुओं को पोंछते-पोंछते थक गए थे न ?

[कहाँ ! मैं कहाँ थका था ! तुम बड़ी मुश्किल से चुप हुईं !

(कितनी बड़ी बात कही थी तुमने ! कितना बड़ा दिलासा दिया था !

(अब यों घुल-घुलकर मुस्कुराओ नहीं ! उस रोज़ पछतावे की भट्ठी मेरे अंदर कैसे धू-धू करके जल रही थी और कैसे तुमने उसे ठंडा कर दिया था !...तुमने कहा था, गर्भ रह गया है ? कोई बात नहीं ऊगो ! मुझे तुम्हारा यह भ्रूण भी स्वीकार है। मेरे लिए इतना ही काफी होगा कि तुम उस शिशु की माँ रहोगी...कितनी बड़ी बात कही थी तुमने ? कितना बड़ा आश्वासन दिया था !

(मेरे आँसू लेकिन और भी ज़ोर पकड़ गए थे !

(इससे पहले शायद ही नारी को पुरुष ने भरोसे के ऐसे अनमोल वचन दिए होंगे। इससे पहले मैं कभी सोच भी नहीं पाई कि पुरुष इतना उदार भी हो सकता है।

(तभी तो पश्चात्ताप का वह पत्थर वहीं-का-वहीं पिघल गया था और आँखों के रास्ते जल्दी-जल्दी निकलने लगा था...

(कामेश्वर, मैं तुम्हारी रिहाई के महीने गिन रही थी। मेरी समझ के अनुसार तुम माघ के अंत तक छूटकर आनेवाले थे। तीन महीने माघ के बाद मैं भी तुम्हारा इंतज़ार करती। फागुन, चैत, बैसाख। बैसाख बीतने पर आते तो अपनी उगनी को नहीं पाते। आठ-नौ महीने का बच्चा पेट के अंदर मौजूद हो तब भी आत्महत्या की जा सकती है कामेश्वर ! नहीं !

(सिपाहीजी को मेरे मन ने कभी कबूल नहीं किया। भंग की बर्फी धोखे में खिला दी गई थी, कामेश्वर ! तुम्हें मालूम है, मढ़िया-सुंदरपुर के राक्षसों ने भी इस देह पर अत्याचार किए थे।

(हमें गिरफ्तार किसने करवाया ?

(क्या तुम सचमुच मुसलमान थे ?

(क्या तुम सचमुच मुझे भगाए लिए जा रहे थे और पाकिस्तान

पहुँचानेवाले थे ?

(क्या तुम ममनसिंह के रहनेवाले कलीमुल्ला थे ?

(घर से सत्तर मील दूर, दूसरे जिले की सब-डिवीजन अदालत में पुलिसवालों ने हम पर किस तरह केस चलाया और एक ही पेशी में कैसे सारा खेल खत्म हो गया ! तुमने नर्मदेश्वर के हाथ तार भिजवाया था न ? भाभी बतला रही थीं, तार तो पहुँचा ही नहीं ?

(देहात में रहना हो तो गुंडा बनो कामेश्वर ! गुंडों से दोस्ती करो, उन्हें खिलाओ-पिलाओ ! तुम उनका काम करो, वे भी तुम्हारा काम करेंगे...।

(अच्छा, यह तो बताओ ! मुझे तीन महीने की सज़ा हुई, लेकिन जेल के अंदर पैंतीस ही रोज़ रहना पड़ा, यह क्या बात हुई ? वक्त पर रिहा होती तो ज़रूर नर्मदेश्वर आकर मुझे साथ ले जाते ! बेचारे को पता ही नहीं चला कि जेल से छूटकर उगनी गई कहाँ ?

(वापस गाँव क्यों नहीं गई ? वाह, गाँव कैसे वापस पहुँचती। गीध मुझे बीच में ही नोंचकर खा नहीं जाते ? कामेश्वर, मैं एक बात तुमसे साफ-साफ कह देती हूँ : उगनी कभी मढ़िया-सुंदरपुर नहीं जाएगी, उस गाँव की सीमा के अंदर अपना पैर नहीं रखेगी उगनी ! तुम इसके लिए मुझे कभी मजबूर मत करना, समझे ?

(माँ, माँ के लिए अब क्या रखा है उस गाँव में ? वह हमारे साथ रहेगी। हम उसकी सेवा करेंगे, वह हमारी सेवा करेगी। कितना अच्छा होगा !

(बहुत अच्छा होगा ऊगो !...

उगनी को लगा कि कामेश्वर करवट बदलनेवाले हैं। आँखें तो अभी खुलनी नहीं चाहिए। गाढ़ी नींद में सोए हैं, सोते रहेंगे घंटों। नींद का गाढ़ापन कम होगा तो टोह लेंगे साथ सोनेवाली देह की। इसमें अभी देर है। कै बज गए ?

काठ के खोल में टाइमपीस रखी हुई थी। बहुत सारी किताबों के साथ अलमारी उसका भी भार सँभाले हुए थी। उगनी ने धीरे-से अलमारी खोली और टाइम देखा।

डेढ़ बज रहा था।

बरामदे का स्विच ऑफ करके वह फिर दूसरे कमरे में आई और जंगले के पास कुर्सी पर बैठ गई।

नेपाली पहरेवाला सामने आया।

कमर के पास बेल्ट से खुखरी लटक रही थी। वह अपनी पहाड़ी धुन में कोई गीत गुनगुना रहा था।

क्वार्टर से चार गज दूर ही छोटा रास्ता गुजरता था, उस पर मटमैले रंग की बजरी बिछी थी। किनारे-किनारे चारों ओर अड़तालीस क्वार्टर थे, बारह-बारह एक-एक ओर...

क्वार्टर के करीब आकर खिड़की की ओर नेपाली ने गौर किया। उगनी को देखकर बोला—"सलाम बीबीजी !"

"नमस्ते,"—उगनी ने कहा। फिर यों ही पूछ लिया—"कै बजा है बहादुर ?"

बहादुर ने कलाई उठाकर टाइम देखा। बोला—"एक बजकर चालीस मिनट हुए हैं बीबीजी !"

क्षण-भर रुककर उसने पूछा—"आप लोग नए-नए आए हैं न ? मिश्रा बाबू के रिश्तेदार होंगे !"

"हाँ, रिश्तेदार लगते हैं। तुम मिश्राजी को जानते हो ?"

"वाह साहब, जानेंगे क्यों नहीं ? जब से फैक्टरी चालू हुई है तभी से मिश्रा बाबू यहाँ हैं...मैं भी तभी से हूँ बीबीजी !...आप लोग तो अभी रहिएगा न ? मिश्रा बाबू छुट्टी लेकर गया है, बीस रोज़ बाद आएगा।"

"हाँ, हम रहेंगे अभी। उनके आने पर जाएँगे।"

"मिश्रा बाबू का लड़का मुझसे खूब खेलता है बीबीजी ! उससे मेरी दोस्ती हो गई है...आपका बच्चा तो अभी सोया होगा...हम कल शाम को आएगा तो आपके बच्चे से दोस्ती करेगा...बच्चा है कि बच्ची बीबीजी ?"

उगनी को नेपाली का यह सवाल अटपटा लगा। बोली—"किससे दोस्ती करोगे ? यहाँ न बच्चा है, न बच्ची।...तुम्हारे बीवी-बच्चे कहाँ हैं ? पहाड़ पर ?"

"अभी शादी कहाँ हुई !"

इस पर उगनी ने कुछ नहीं कहा। बहादुर की परछाईं आगे बढ़ गई।

कार्तिक की पूर्णिमा के चार-पाँच रोज़ बाद भभीखनसिंह को बुखार चढ़ा था। पूरे सात रोज़ चढ़ा रहा। दवा-दारू मँगवाने में जेल के हाकिमों तक खबर पहुँचाने में देवर-भाभी का यह रिश्ता उगनी के खूब काम आया था। हवलदार पांडे और रामजनम उपाधिया ने काफी दौड़-धूप की थी। सिपाहीजी ने उनकी सेवा से खुश होकर खुद ही कहा था उगनी से—“इनसे काहे का पर्दा ! ये तो तुम्हारे लिए देवर से भी बढ़के हैं...देवर तो गाँव में बैठा है, कभी झाँकता तक नहीं। भाई नहीं है, कसाई है मेरे लेखे...अब यही पांडे, उपाधिया भभीखन के भाई-भतीजा हैं...समझीं ?”

“समझी !” उगनी का ढँका हुआ सिर हिला था।

और तभी से ‘भाभी’ ‘भाभी’ शुरू हुई थी। वे तो खैर बेहद लपकते थे, उगनी ने लेकिन अपनी मर्यादा कायम रखी। क्या मजाल कि उनके सामने कभी मुस्कुराई हो !

बहादुर दूसरे छोर पर पहुँच रहा था। फिर से उसने उगनी की निगाहों को अपनी तरफ खींच लिया : नेपाली ईमानदार भी होते हैं और मेहनती भी। सिपाहीजी बार-बार इनका ज़िक्र करते थे। कामेश्वर होटल का धंधा करेंगे नर्मदेश्वर के साझे में। इधर आस-पास नई बस्तियाँ आबाद हो रही हैं। छह-सात कारखाने तो चालू हो चुके हैं, अगले वर्षों में पाँच-सात कारखाने अभी और चालू होंगे। छोटी लाइन और बड़ी लाइनवाली रेलगाड़ियों का भारी जंकशन ठहरा। यहाँ होटल का काम अच्छा चलेगा। चार नौकर रहेंगे, उनमें से दो तो नेपाली होंगे। मैं कामेश्वर से कहूँगी, नर्मदेश्वर से भी मनवा लूँगी। नहीं मानेंगे नर्मदेश्वर ? वाह, मानेंगे कैसे नहीं। भाभी का जो हुक्म होगा, मानना पड़ेगा...

भाभी की याद आते ही वह प्रफुल्लित हो उठी। इन तीन दिनों के अंदर कितना कुछ जुटा दिया था भाभी ने ! साड़ियाँ, ब्लाउज, तेल, साबुन, पाउडर, क्रीम से लेकर क्राकरी, बर्तन-बासन और राशन तक ! लगता है, वे यों ही नहीं गई हैं। ज़रूर किसी जुगाड़ में गई हैं। नर्मदेश्वर उसी रोज़ शाम को चला गया था मढ़िया-सुंदरपुर। सुना है, इस बार धान की फसल अच्छी आई है। दो मन पुराने चावल लाकर वह उसके हवाले कर देगा, आधा मन अरहर भी। पाँच

सेर घी भी। जमी हुई गृहस्थी है, नर्मदेश्वर इतना कर सकते हैं। भाभी को तो उसके लिए आगे भी बहुत कुछ करना है...

(भाभी, तुम्हारी छोटी बहन कैसी है ?

[जैसी तुम हो उग्रतारा।

(मैं ? उग्रतारा ? उहुँ, मैं न तो उग्र ही हूँ न तारा ही। ज़बर्दस्ती बचपन में किसी ने नाम रख दिया होगा, है न भाभी ?

[नाम की चीर-फाड़ नहीं करते मेरी रानी !

(हाँ, यहाँ तो देह की ही चीर-फाड़ करते हैं...

[मन की नहीं ?

(मन का हाल तुम जानो भाभी ! मैं तो यह भी नहीं बतला सकती कि अभी-अभी शाम को ट्रेन से तुम कहाँ गई हो ! कहाँ गई हो भाभी ? गाँव गई हो ? मेरी माँ को लिवा लाने ? माँ को ले ही आओ ? वह अपनी उगनी के लिए कितना रोती होगी ! हाँ ? माँ को साथ लेकर लौट रही हो ?

(माँ, अब तुम वापस मत जाना !

(नहीं, अब कहाँ जाऊँगी ?

(रोते-रोते तुम्हारी आँखें लाल हो गई हैं, पपोटे सूज गए हैं माँ !

(नहीं, नहीं, अब न रोओ माँ !

(हाय, तुम्हारे आँसू तो थमते ही नहीं...हाय, अब मैं क्या करूँ ?

[पगली, यह तो एक बीमारी है, आँखें हमेशा गीली रहती हैं, अक्सर पानी बहता रहता है इनसे...

(नहीं माँ, यह पानी नहीं है। आँसू हैं ये तो ! मैं दूध-पीती बच्ची कहाँ हूँ, मुझे बहलाओ नहीं माँ ! पानी होता तो इतनी जल्दी सूख कैसे जाता ?...तुम्हारी उम्र क्यों आठ-दस महीनों में ही बीस वर्ष बढ़ गई है। सूखी चमड़ी का यह फीकापन इन आँखों से नहीं देखा जाता माँ !...तुम्हें अपना वह दामाद याद आता है कभी ?

[तुझे आता है याद ?

(बिलकुल ! अच्छी तरह ! नाक पतली और खड़ी थी न ? बेहद शर्मीले थे। मैं पंद्रह की, वह बीस के...कहने-भर को यह उनकी दूसरी शादी थी, पहली बीवी की मौत शादी के चार महीने बाद ही

हो गई थी। टाइफाइड उठा ले गया था बेचारी को। फिर ऐसी अफवाह फैली कि उस नौजवान का ग्रह खराब है, जो भी लड़की उसका हाथ पकड़ेगी, जिएगी नहीं। छह महीने के अंदर मर जाएगी।. ..कोई उसे अपना दामाद बनाने के लिए तैयार नहीं था। तभी तो इतनी आसानी से वह तुम्हें मिला था। कुल मिलाकर डेढ़-दो सौ खर्च आया था...कितना खर्च पड़ा था माँ ? फिर ! फिर रो पड़ी ! यह क्या हो गया है तुम्हें ? अब तो हम नदी पार करके इधर आ गए हैं माँ !

[मैं तुझे भर-पेट कभी खिला तक न पाई...

(तो अब उन दिनों की याद करके आँसू क्यों बहाती हो ?...भाभी, यह नहीं मानती हैं। तुम्हीं इसे समझाओ न ? मैं जाती हूँ, तुम मेरी माँ से अकेले में बात करो न...

[और तुम किधर चलीं उग्रतारा ?

(नींद आ रही है भाभी !

[ओह, तुम भी कभी सोती हो ! मैं तो समझती थी—'सदा भवानी जागती...'

(नहीं भाभी, अब और अधिक छेड़छाड़ न करो...

उगनी ने हल्की-सी जम्हाइयाँ लीं और कुर्सी से अपने को अलग कर लिया। इस अलगाव को खड़ा होना कहेंगे ?

कुर्सी की बाँहों-से-बाँहें अड़ाकर उसने अपने सीने को सीधा किया, दंड-बैठक की मुद्रा में। देर से बैठे-बैठे कमर अकड़ गई थी। अब वह जाकर लेट जाएगी। अब नींद आएगी।

तीन बजे थे।

...थोड़ी देर में चार बजेंगे। चार बजेंगे तो साँकल खड़केगी और बाहर सीमेंट वाली फर्श पर लाठी बजेगी ठन्न से। भभीखनसिंह अंदर आएँगे। और—

और, जहन्नुम में जाएँगे भभीखनसिंह !...

उगनी ने अपने मन को डाँट-फटकारकर सीधा किया। अब तो वह ज़रूर सो जाएगी। अब नींद को उसकी पलकों पर उतरने से कौन रोकेगा ?

कंबल के अंदर आधा बदन लेकर उगनी सीधी हो गई। हाथ और पाँव ढीले कर लिए। साँसों की गति को अनियंत्रित छोड़ दिया।

आ गई नींद उगनी को ?

हाँ, अभी आई...आ ही गई !

न, कहाँ आई ! ज़रा अलग हट गई है...

पलकें पहले ही खुल चुकी थीं। मुश्किल से दो-चार मिनटों के लिए बंद रही होंगी। खिड़कियों के बड़े शीशे बाहरी प्रकाश को छानकर अंदर पहुँचा रहे थे। उनका बंद रहना ठंड को तो रोके हुए था, पर पार-भेदी आलोक की भास्वर छाया पर उनका कोई प्रतिबंध नहीं था।

उगनी थोड़ी देर तक कामेश्वर के चेहरे को देखती रही। खड़ी नाक, भौंहें, बड़े-बड़े बाल साफ दीख रहे थे। छँटी हुई महीन मूँछों की काली लकीरें साफ दीख रही थीं। होंठ, ठुड्डी, दोनों कान...सब दीख रहा था। गालों का सपाटपन ही शायद उन्हें अच्छी तरह दीखने नहीं दे रहा था...

पलँग, खुली अलमारी, कपड़े टाँगने के लिए खूँटियों की पतली पट्टी दीवाल में, छत से लटका हुआ पंखा और बल्ब...बस, यही कुछ था कमरे के अंदर। पलँग के नीचे दो ट्रंक थे, जो दिखाई नहीं दे रहे थे।

अलार्म वाली घड़ी जागने में उगनी का साथ दे रही थी। टिक्-टिक्-टिक्-टिक्-टिक्-टिक्-टिक्...उछलती हुई सैकंड वाली सुई उसके मन-प्राण को पुलकनों से भरती जा रही थी। कालचक्र की मुखर गति आज उसे बड़ी प्यारी लग रही थी। कामेश्वर की कलाई में घड़ी बँधी होती तो ज़रूर उगनी अपने कान को उससे लगा देती, देर तक भिड़ाए रखती अपना कान कलाईवाली घड़ी से... टिक्-टिक्-टिक्-टिक्-टिक्-टिक्...छोटी घड़ियों की टिक्-टिक् कितनी बारीक, कितनी पैनी लगती है कानों को !

गीता की छोटी बहन उमा थी न ? वह एक बार अपने जीजा की कलाई-घड़ी उठा लाई और उगनी के कान से उसे सटा दिया। आँखें नचाकर बोली—"कितना अच्छा लगता है कानों को ! नहीं चाची ?...बोलो चाची, कैसा लगता है कानों को ?"

उगनी ने आँखों के इशारे से बतलाया था, बहुत अच्छा लगता है। नौ साल की उमा के बाल-मन को वह मूक अनुमोदन बिलकुल हलका जँचा था। उगनी की बाँह को दूसरे हाथ से झकझोरती हुई, खीझ-भरे स्वर में उमा ने पूछा—"साफ-साफ कहो न, कैसा लगता

है । इस तरह की महीन आवाज़ तुमने कभी सुनी है ? सच बतलाना चाची ?"

चाची को सच-सच बतलाना पड़ा। कई बार बतलाना पड़ा...उमा भला यों छोड़ती ?

अभी उगनी ने यों ही कामेश्वर की बाईं कलाई आहिस्ता से उठा ली है, अपना दाहिना कान उस सूनी कलाई से लगा लिया है ! हाँ, वह बारीक आवाज़ सुनना चाहती है ! महीन टिक्-टिक्—छोटी घड़ी की सबसे छोटी सुई के सूक्ष्म स्पंदन कान के जरिए अपनी चेतना के अंदर भर लेना चाहती है।

पाँच घंटे की गाढ़ी नींद के बाद, लगता है, अब कामेश्वर की नींद पतली हो आई है—अच्छा हो, थोड़ी देर अभी और सोते रहें कामेश्वर। अभी से उठकर क्या करेंगे, कितनी देर गपशप करेंगे ?

कलाई कान से अलग कर दी गई।

बहादुर के बूटों की आहट सुनाई पड़ रही है—खिड़की के सामने पहुँचकर क्षण-भर के लिए वह रुका है, लोहे की छड़ को अपने डंडे से छू दिया है उसने, हल्की आवाज़ उठी है ठन् !

उगनी मन-ही-मन दुहराती है—ठन् !

बहादुर आगे बढ़ गया है, आहट दूर होती जाएगी।

उगनी बार-बार मन में दुहरा रही है—ठन् ! ठन् ! ठन् ! ठन् !

हाँ, अब बजे होंगे चार—

सिपाहीजी चाबियों का झब्बा अगले वार्डन को थमाकर जेल-गेट से बाहर आ जाएँगे। अपने क्वार्टर की तरफ रुख करके ज़रा देर के लिए खड़े रहेंगे। फिर बड़ी मुश्किल से अपने को आगे की ओर धकेल लाएँगे।

टटोलकर अलीगढ़वाले पुराने ताले की सूराख में चाबी डालेंगे। फाटक खुलेगा। अंदर आकर बरामदे का स्विच ऑन करेंगे सिपाहीजी...इधर-उधर देखेंगे, भीतरवाला कमरा खोलने का जी नहीं होगा।

(आपका मैंने भारी नुकसान किया है, नहीं सिपाहीजी ?

(यह चौथी रात है !

(लगता है बिना खाए ही ड्यूटी पर चले गए थे ! बड़ी भूख लगी होगी ? बुढ़उती में सत्तू नहीं खाइएगा सिपाहीजी, मैं हाथ

जोड़ती हूँ ! इधर देखिए, मेरी ओर। सुनिए क्या कहती हूँ ! खाना ज़रूर पका लिया कीजिए।

(मैं भाग आई हूँ ! आपको कितना बड़ा धोखा दिया है मैंने ! जानती हूँ, आपकी आँखें गीली नहीं हुई होंगी लेकिन अंदर-ही-अंदर कलेजी सूख गई होगी आपकी, मैं साफ देख रही हूँ सिपाहीजी !

(मइया री ! इतना भारी घाव ! आपके सीने का घाव कैसे भरेगा सिपाहीजी ?

[हत्यारिन कहीं की !...कैसे भागी है चोर की तरह !...

[सादगी और सिधाई के भी नखरे होते हैं न ?

[चुड़ैल ! अपनी कोख का बच्चा आप ही खानेवाली।

[किच्चिन ! कच्चा मांस चबाने के लिए भागी है ?

[डायन ! एक इन्सान का लहू पीकर गायब हो गई।...

(चुप क्यों हो गए सिपाहीजी ? अभी और गालियाँ दीजिए ! मैं सब सुनती जाऊँगी, ठंडे मन से सुनूँगी। आपके विश्वास को किस बेरहमी से मैंने चूर-चूर कर दिया है ! यह मेरी मजबूरी थी सिपाहीजी, शौक नहीं था ! अब आप जितनी भी गालियाँ देंगे, सुनती जाऊँगी। जो भी श्राप देंगे, झेलूँगी सिपाहीजी। एक भोले-भाले अधेड़ खेतिहर ने खाकी लिबास पहन रखी है, भभीखनसिंह डरावना नाम ज़रूर है मगर पकी मूँछोंवाले उस भारी खोल के अंदर मुझे तो हमेशा अपने चाचाजी ही दिखाई पड़ते रहेंगे। सच सिपाहीजी, आपको सामने पाकर मैं और कुछ सोच ही नहीं पाती थी। मेरे पिताजी किसान ही थे। आज ज़िंदा होते तो पैंतालीस की उम्र होती—

(अच्छा, एक बात पूछ लूँ सिपाहीजी ?

(आप रिटायर कब होंगे ?

(रिटायर होने के बाद कहाँ रहेंगे आप ?

(क्या मैं आपकी सेवा का अवसर फिर कभी पाऊँगी सिपाहीजी ?

(कामेश्वर ? कामेश्वर कभी मुझे मना नहीं करेंगे सिपाहीजी ? उनका दिल बहुत बड़ा है सिपाहीजी !

(आपकी संतान आपको वापस मिल सकती है। यहाँ किसी को नहीं अखरेगा। न भाभी को, न नर्मदेश्वर को, न इन्हीं को। आपका बच्चा आपको वापस मिल जाएगा सिपाहीजी ! देख

लीजिएगा–

अब उगनी से रहा नहीं गया।

वह पलँग से उठ गई, कमरे से बाहर बरामदे में आई। चहलकदमी करने लगी।

उसका जी हल्का था। कितना अच्छा समाधान उसके चिंतन को मिला था। बेचैन मन को और चाहिए भी क्या ? राहत मिल जाए तो दिल की धड़कनें अपनी सहज रफ्तार वापस नहीं पाएँगी ?

रात्रि-शेष का शिशिर-समीर दूसरे कमरे की खुली खिड़कियों से होकर अंदर आने लगा तो उगनी के रोएँ कंटकित हो उठे। वह शाल याद आई जो भाभी उसके लिए परसों ही ले आई थीं। परसों शाम को घंटे-भर के लिए उसे उगनी ने ओढ़ा भी तो था।

दूसरे कमरे के अंदर तख्तपोश पर ढेर सारे कपड़े और दूसरे सामान भी रखे थे। भाभी खुद ही सहेजकर रख गई थीं।

उगनी ने शाल निकाल ली।

पश्मीने की मुलायम शाल सिलेटी रंग की थी, उगनी की चम्पई सूरत पर खूब खिलती थी। भाभी ने मुस्कुराकर कहा था–"कामेश्वर को गुलाबी रंग पसंद है। अगले वर्ष वह अपनी रुचि का ला ही देगा, अभी इसी से काम चलाओ।"

उगनी संजीदगी में डूबकर बोली थी–"नहीं भाभी, जाड़ों में सुबह-शाम मैं यही ओढ़ा करूँगी। पुरानी हो जाएगी तो भी..."

"यह भी तो एक तरह का मोह होगा न ?" भाभी खिलखिलाकर हँसती रहीं।

शाल ओढ़ते समय, इस क्षण भी वह मोहिनी खिलखिलाहट उगनी के कानों को गुदगुदाती-सी लगी।

स्विच ऑन करके उसने अपने को भली भाँति देख लिया।

इतनी बढ़िया शाल जीवन में उसने पहली बार अपने कंधों पर डाली थी...

मामूली खेतिहर की बेटी–जैसी-तैसी रजाई के साथ जाड़े कटे थे अब तक। पिछले कातिक में जब भभीखनसिंह ने उसकी पसंद के लिए लिहाफ के चार-पाँच गिलाफ गीता की मार्फत अंदर भिजवाए तो उगनी ने उस छोकरी से कहा–"तुम्हारे चाचा को जो जँच जाए, इनमें से वही वापस लेते आना।" सिपाहीजी ने बैंगनी

किनारियोंवाला पीला गिलाफ ले लिया था। उस रजाई को देख-देखकर गीता बेहद चिढ़ती थी। कहा करती थी--"चाची, तुम पक्की देहातिन हो ! नहीं चाची, तुम देहातिन भी नहीं हो। देहात की औरतें तो अब ऐसा चटकीला माल छाँटके लेती हैं, ऐसा चटकीला, ऐसा चटकीला..."

—तो इस शाल का रंग चटकीला है ? नहीं, सिलेटी रंग को चटकदार भला कौन कहेगा !

—गीता को यह रंग फीका लगता...

—भाभी को लेकिन कोई भी देहातिन कहने की जुर्रत नहीं करेगा—

उगनी पश्मीने की कोमलता को बार-बार गालों से रगड़कर परखती रही। समझ नहीं पा रही थी कि यह पश्मीना आखिर होता क्या है। भाभी से पूछकर मालूम कर लेगी। उनको ज़रूर मालूम होगा।

पीले और नीले धागों में न जाने कौन-से फूल कढ़े हुए हैं लाल किनारियों पर !--वह क्या-क्या पूछेगी भाभी से ? नहीं, किनारी के इन फूलों के बारे में उगनी भाभी से नहीं पूछेगी; भाभी की छोटी बहन इंदिरा से मालूम करेगी।

भाभी ने बतला दिया है—"तुम्हारी उमर और इंदिरा की उमर लगभग एक होगी। तुम फागुन में बाईस पूरे करोगी, वह बैसाख में।"

ले-देकर इंदिरा ही तो यहाँ अपनी सहेली हुई। ये तो अपना धंधा जमाने में अभी महीनों मशगूल रहेंगे। मैं बीच-बीच में आकर इंदिरा से मिल जाया करूँगी। कभी-कभार भाभी भी तो देहात से आ धमकेंगी। नहीं आएँगी ? ज़रूर आएँगी। भाभी को अपनी सगी बहन के लिए उतनी फिक्र नहीं रहेगी, जितनी फिक्र अपनी चेली के लिए--

(भाभी, असाढ़ में पूरा महीना तुम यहीं आके रहना ! माँ तो खैर रहेगी ही...

(तुम्हीं तो उस रोज कामेश्वर से कह रही थीं, यहाँ से ढाई-तीन मील दूर औरतों के लिए अच्छा अस्पताल बन गया है अब—

(मैं दस रोज़ पहले ही अस्पताल में भर्ती हो जाऊँगी भाभी !...

(वाह, अभी से तू हमारी बातें सुन रहा है ?—कौन है अंदर ? लड़का है कि लड़की ?—

(अभी से इतना हिलने-डोलने लगा है ?

(नहीं, मुन्ने ! नहीं, बिलकुल ही नहीं ! अभी से हमारी बातों में तू अपनी टाँग मत अड़ा भाई !

(क्या कहा ? नहीं मानेगा ? माँ की आँतों से खिलवाड़ करेगा ? ऊधम मचाएगा कलेजे से लटककर ?

(देख, बड़ी पिटाई पड़ेगी !

(अरे भाई, अंदर कोई दीवार नहीं है ! क्यों नाहक अपना सर टकरा रहा है ?

(शैतान कहीं का। इतने जोरों से कान खींचूँगी, इतने जोरों से—इतने जोरों से—

(कि...कि...कि !! खबरदार, हटा ले अपना हाथ ! हटा ले ! हटा, अभी हटा—हटाता है हाथ कि नहीं ?

[मेरे बच्चे को पीटेगी तू ?

[कौन होती है तू भभीखनसिंह की संतान पर हाथ उठानेवाली ? खबरदार ! चमड़ी उधेड़ लूँगा, हाँ !

...बड़ी-बड़ी सफेद मूँछें निषेध की तीखी मुद्रा में फड़क उठी हैं। उगनी सहमकर कुर्सी पर बैठ गई है, जी नहीं करता कि जंगले की तरफ नज़र उठाकर सामने देखे।

दिल की धड़कन बढ़ गई है।

इतना वह अवश्य करेगी कि उठकर स्विच ऑफ कर आएगी, फिर निढाल होकर कुर्सी के हवाले कर देगी अपनी देह को।

पकी मूँछों का आतंक कब तक यों पीछा करेगा उगनी का ?

उसने पलकों को मूँद लिया है। दहशत के मारे उसकी चेतना सिमट-सिकुड़कर अंदर डूब-सी गई है। एक-एक अंग सुन्न पड़ जाएगा क्या ?

बारी-बारी से कलाइयों में नाखून गड़ाकर उगनी ने अपने होश का अंदाज़ लिया। लगा कि रात-भर की थकान अब एकाएक दिल और दिमाग पर हावी हो आई है। लगा कि अगले ही क्षण सिर में भारी दर्द उठेगा। लगा कि रग-रग सूखी लताओं की तरह कुरमुरा उठेगी। लगा कि लाख जोर मारेगी तो भी उठा नहीं जाएगा।

तन और मन दोनों पर अवसाद हावी हो गए थे। थकान की अति ने तंद्रा को बुला लिया था।

मुँदी पलकों पर ऊँघ का छिड़कांव होने लगा।

चौथाई नींद की हल्की मात्रा का उतना-सा प्रसाद भी अभी काफी रहेगा बेचारी के लिए। ऐसे में तो खंडित सपनों के हमले तो होंगे ही...

(सिपाहीजी आप बीच में क्यों पड़ते हैं ?

(मैं उसकी माँ हूँ। पीटूँगी चाहे कान खींचूँगी, आप कौन होते हैं मना करने वाले ?

[मैं ? मैं छोकरे का बाप हूँ ! मेरा कोई हक नहीं है उस पर ?

(जी, आपका इस छोकरे पर कोई हक नहीं रहा ! आपका हक छोकरे की माँ के शरीर पर था जिसे भंग की बर्फी खिलाकर अपनी हविश पूरी की थी–सुनिए, सिपाहीजी ! घबराइए नहीं, पिता का पद आपसे कोई नहीं छीनेगा–पाल-पोसकर छोकरे को हम आपके हवाले कर देंगे सिपाहीजी !

(सिपाहीजी आप क्या करेंगे बच्चा लेकर ?

(उसे भी अपनी तरह हवलदार-जमादार बनाने की तालीम दीजिएगा ?

(हूँ ! मिलीटरी आफिसर बनेगा यह ?

(हूँ ! तीन-तीन फीतोंवाला बैज़ लगावेगा?

(फिर तो ठीक है, सिपाहीजी ! मानती हूँ आपका हक !

(फिर तो यह आपकी तरह डरावनी मूँछें नहीं रखेगा ?

(आप हँसते क्यों हैं सिपाहीजी ?

(खैर, अब आपके छोकरे पर पिटाई नहीं पड़ेगी...लेकिन है बड़ा शैतान ! आपने भी अपनी माँ को इसी तरह परेशान किया होगा...

(वाह, आप तो इस तरह खुलकर हँस रहे हैं कि...

(वाह, खुशी के मारे आपकी पकी मूँछें इस तरह थिरक रही हैं कि...

(वाह, बाप-बेटे दोनों ही मेरी सिधाई पर इस तरह मुस्कुरा रहे हैं कि...

(नींद आ रही है सिपाहीजी, इजाज़त मिले !

(जाऊँ ? अच्छा जाती हूँ।

(एक बात...

(आप मुझ पर अब भी रंज हैं सिपाहीजी !

(नहीं न ?

(देखिए, आपका बेटा आपके ही पास खड़ा है !

(देख मुन्ने, जा रही हूँ मैं !

(कहाँ, तेरे उस पापा के पास, जिनके साथ तू अभी-अभी मढ़िया-सुंदरपुर हो आया है...

कामेश्वर ने आकर आहिस्ता से कंधे झकझोरे—"यहाँ क्यों सो रही हो ? इस तरह तो गर्दन अकड़ जाएगी ! चलो, उधर चलकर लेटो..."

कामेश्वर की नींद पूरी हो चुकी थी, वह बरामदे की रोशनी जलाकर बाथरूम के अंदर चला गया।

उगनी ने कुर्सी से उठकर घड़ी देखी। साढ़े-चार बज रहे थे। अब कौन सोएगा। छह-पौने छह में महरी आ धमकेगी।

ठंडे पानी के छींटे आँखों पर डालकर उगनी हाथ-मुँह धो आई। पलँग पर लेटकर कामेश्वर का इंतज़ार करने लगी। चाहेगी तो अब नींद भी आ जाएगी उसको।

कामेश्वर बाथरूम से बाहर निकला।

लेटी हुई उगनी के शरीर पर अपना आधा बोझ डालकर वह उस पर झुक आया। बालों पर हाथ फेरता हुआ बोला—"लगता है तुम्हें आज रात नींद नहीं आई। लगता है, रात-भर अनाप-शनाप सोचती रही हो !..."

उगनी मुस्कुराती रही और उसकी आँखों में आँखें डालकर देखती रही।

एकाएक पूछ बैठा—"बतलाओ तो इसका क्या नाम ठीक रहेगा ?"

"किसका ?" उगनी हँसने लगी।

कामेश्वर मुस्कुराकर होंठों को उसके कान से भिड़ाकर फुसफुसाया, "इसका और किसका ?"

उगनी बोली—"तुम बतलाओ !"

"मैं बतलाऊँ ?"

"जी, आपको ही बतलाना पड़ेगा..." उगनी मुस्कुराती रही। वह विभोर होकर कामेश्वर की आँखों में आँखें गड़ाए पड़ी थी।

"अभी तुम जाओ, नाम फिर कभी बतला दिया जाएगा..." कुछ और भी कहने जा रहा था कामेश्वर कि उगनी की हथेली का स्टांप पड़ गया होंठों पर।

ज़रा देर बाद बोली–"नहीं, नाम तो बतला ही दो ! आखिर मालूम तो हो जाए कि उसे हम क्या कहके पुकारेंगे..."

कामेश्वर ने उगनी की वह हथेली अपने सीने पर ले ली। बोला–"उसका नाम होगा नवीनचंद्र !"

"बड़ा ही प्यारा नाम होगा यह तो !...ओह, मैं तो सोच भी नहीं सकती कि इतना अच्छा नाम भी किसी बच्चे का होगा..."

"खूब पसंद आया ?"

"खूब भाई खूब !" कुछ देर तक वह चुप रही। जाने क्या सोचती रही।

"लेकिन," एकाएक उगनी ने निगाहों को आमने-सामने करके पूछा–"मान लो, लड़का न हुआ, लड़की हुई ?"

इस पर ज़रा देर कामेश्वर चुप रहा।

सोच-साचकर बोला–"नवतारा नाम कैसा रहेगा ?"

"उहुँ !" उगनी ने सिर हिलाया।

"फिर, किसी से पूछकर बताऊँगा !"

"भाभी से कहना !"

"अभी क्या जल्दी है ! लेकिन अब तुम थोड़ी देर के लिए सो जाओ !"

"महरी आएगी न !"

"मैं जो हूँ...तुम सो जाओ !"

वह दूसरी तरफ रुख करके लेट गई।

उसने कंबल खींचकर उगनी के बदन को कंधों तक ढँक दिया।

दो रोज़ बाद, शाम की ट्रेन से भाभी लौट आईं। साथ उगनी की माँ थी, नर्मदेश्वर था, छोटी उम्र की नौकरानी थी। अनाज की बोरी, घी की घड़िया, और कुछ दूसरी चीज़ें भी थीं।

माँ-बेटी देर तक गले से लगकर रोती रहीं।

आखिर भाभी ने उन्हें चुप किया, अपने आँचल के खूँट से उनके आँसू पोंछे और बोलीं—"अब क्यों रोती हो तुम लोग ? दुख के बादल छँट चुके हैं, आकाश अपना नीला रंग वापस पा गया है...उठो चाची, मुँह-हाथ धो आओ ! नहाना चाहो, नहा लो ! नाश्ता मैं पंद्रह मिनट के अंदर तैयार कर लेती हूँ...उगनी, सब्ज़ी क्या-क्या बनेगी ?"

माँ को बाथरूम दिखलाकर उगनी रसोईघर के अंदर आ गई। भाभी से कहा—"तुम थकी हो, जाओ, मैं कर लेती हूँ..."

भाभी बोलीं—"मैं नहा-धोकर ताज़ा हो गई हूँ। आराम से ही तो आई हूँ, कौन-से चावल कूटती आई हूँ गाड़ी में ? अब इसी वक्त मुझे अपने चौके के बाहर न निकालो। कामेश्वर को आने दो, उनसे भी पूछ लेना।"

उगनी को हँसी आ गई।

बरामदे में सामान रख दिया गया था। किचन से निकलकर

उसने बंद बोरी का मुँह खोलना चाहा। भाभी ने उधर से कहा–"रहने दो, पीछे रखेंगे सहेजकर।"

वहीं नौकरानी बैठी थी, उम्र बारह से ज्यादा नहीं होगी। उगनी ने उससे पूछा–"क्या नाम है तेरा, रे ?"

"तीरा !" वह धीमी आवाज़ में बोली।

उगनी ने मन-ही-मन दुहराया–तीरा !

तीरा एक फूल है। बरसात के बाद शरदऋतु में खिलता है.. .कई रंगोंवाले तीरा फूल उगनी के दिमाग में घूम गए : बचपन में तुलसी-चबूतरे के इर्द-गिर्द हर साल वह तीरा के बीज बोती थी। अगहन तक उसके फूल पूजा में काम आते थे...उगनी अगली बरसात में भी तीरा के बीज बोएगी। बीज भाभी से मँगवा लेगी।

"तीरा, तुझे भूख लगी होगी !" उगनी ने उस छोकरी से कहा। उसने इस पर नई मालकिन की ओर देख-भर लिया।

माँ ने पुकारा तो उगनी जाकर कपड़े दे आई।

वह नहा-धोकर निकली तो थोड़ी देर तक दूसरे कमरे के अंदर बैठकर माला फेरती रही।

माँ के दाहिने हाथ की उँगलियों में लिपटकर ढीली चेन की तरह पुरानी माला का उस प्रकार नीचे-ऊपर होना उगनी की आँखों को हमेशा अच्छा लगा है। आज, बहुत दिनों के बाद यह दृश्य देखा तो उसका मन प्रसन्न हो उठा।

हलुआ बना था, पकौड़े छाने गए थे।

भाभी ने मुस्कुराकर कहा–"चाची तो चाय नहीं पीएँगी !"

"नहीं," चाची बोलीं–"मैं चीनी घोलकर पी लूँगी !"

उगनी को तो नहीं, भाभी को हँसी आ गई।

सभी ने नाश्ता किया। चाय की प्यालियाँ खाली की गईं। नर्मदेश्वर आते ही कामेश्वर की खोज में निकल गया था। उन दोनों का नाश्ता ढँककर रख दिया गया।

दूसरे कमरे के तख्तपोश पर माँ के लिए बिस्तरा लगा दिया उगनी ने। तीरा से कहा–"तू भी आज आराम कर।"

भाभी और उगनी उधर पलंग पर बातें करती रहीं। खाना पकाने की कोई हड़बड़ी नहीं थी। भाभी ने कहा था–"रात अपनी है, चाहे जब खाना पका लेना !"

पड़ोस के क्वार्टर से रेडियो की आवाज़ आ रही थी। फिल्म 'गंगा मइया' के गीत भाभी को अच्छे लगे थे, वे उन्हें बार-बार सुनना चाहती थीं। उगनी ने दाहिना हाथ उठाकर कहा—"इस ओर से लेकिन हिंदी गीत कम सुनाई पड़ते हैं..."

"मद्रासी होंगे ये लोग !...अच्छा है, एक तरफ उत्तर के गाने सुनो, दूसरी तरफ दक्षिण के !..." भाभी ने कहा, "हम तो घर पर विद्यापति और मीरा को सुनते हैं। बँगला समझती नहीं हूँ मगर आवाज़ कानों को मीठा लगती है। हमारी इंदिरा खूब बोलती है बँगला। कह रही थी अपने लड़के के बारे में कि चुन्नू दक्षिण भारत के पच्चीस-पचास शब्द सीख गया है...लगता है, आगे बच्चे बड़े तेज़ निकलेंगे !"

कामेश्वर और नर्मदेश्वर काफी देर बाद लौटे।

कामेश्वर ने माँ के पैर छुए।

माँ ने उसे उठाकर उसका माथा चूम लिया। बेचारी की दोनों आँखें भर आईं। दिखाई नहीं दे रहा था कुछ भी। वह देर तक कामेश्वर की देह पर हाथ फेरती रहीं। लाख कोशिश करने पर भी इस वक्त शब्द होंठों की हद से बाहर नहीं आ रहा था।

भाभी ने आकर कहा–"चाची, दिन-भर का थका होगा यह भी ! अभी इसे इजाज़त दो। मुँह-हाथ धोएगा, खाना खाएगा..."

उगनी की माँ ने सिर हिलाकर अनुमति दी।

खाना-पीना खत्म करते-करते ग्यारह बज गए रात के। नर्मदेश्वर उधर से आठ बीड़े पान लेता आया था, नहीं तो यहाँ, कालोनी की इस वीरान बस्ती में इस वक्त पान कहाँ से मिलता !

बारह बजते-बजते सभी सो गए। मर्द पहले कमरे में, औरतें दूसरे कमरे में।

बाथरूम की बिजली जलती रह गई थी। कामेश्वर उस स्विच को ऑफ कर आया और पानी पीकर फिर सो रहा।

जाने कैसे, ठीक सवा-चार बजे उगनी की आँखें खुल गईं। वह दो-तीन दिनों से अपने को तैयार कर रही थी कि एक पत्र लिखे,

साफ अक्षरों में। रात को, सोते समय उसने अपने-आप निश्चय किया था कि तड़के वह सबसे पहले जग जाएगी और चिट्ठी लिख लेगी। अब उगनी अपने पर खुश थी कि नींद टूट गई है...

कामेश्वर की पाकिट से फाउंटेनपेन निकाल लाई, कागज कापी में से लिया। बाहर, बरामदे में आसन बिछाकर बैठी और झुककर देर तक लिखती रही।

पत्र पूरा करके वह उसे मोड़कर कामेश्वर के सिरहाने रख आई।

साढ़े छह तक सभी उठ गए।

थोड़ी देर बाद ही चाय आ गई।

चाय पीकर वे उठने ही वाले थे कि उगनी ने अंदर आकर कामेश्वर से कहा—"सिरहाने कागज रखा है, दोनों जने पढ़ लेना !"

कागज निकल आया।

कामेश्वर और नर्मदेश्वर दोनों ही उत्सुक हो उठे और पत्र पढ़ने लगे : "आदरणीय सिपाहीजी,

"मेरे अपराधों को आप कभी माफ नहीं करेंगे, यह मैं अच्छी तरह जानती हूँ। दूर चली आई हूँ, फिर भी इन कानों से आपकी गालियाँ सुनती रहती हूँ। मैं मना नहीं करूँगी, आप खूब गालियाँ दीजिए सिपाहीजी !

"आपकी संतान समय पर बाहर आएगी। असाढ़ में उसका जन्म ज़रूर होगा, आप रत्ती-भर भी चिंता न करें। मैं उसको कहीं फेंक नहीं आऊँगी। पाल-पोसकर उसे सयाना बनाऊँगी।

"मैंने अपना सबकुछ जिसे सौंप दिया था, उसी के साथ गाँव से निकली थी। जिसके साथ गाँव से निकली थी, वही मुझे आपके क्वार्टर से निकाल लाया है। उस आदमी का दिल बहुत बड़ा है। पराए गर्भ को ढोनेवाली अपनी प्रेमिका को फिर से, बिना किसी हिचक के, उसने स्वीकार कर लिया है। उसने मुझसे शादी कर ली है।

"वह इतना उदार है कि आपका बच्चा आसानी से आप तक पहुँचा देगा। मगर मैं वैसा नहीं होने दूँगी सिपाहीजी ! बच्चे पर आपका हक बहुत थोड़ा रहेगा, मेरा हक तीन-चौथाई से भी अधिक।

"बड़ा होगा तो मैं खुद ही उसे आपके पास भेजूँगी, अपने पिता

से मिल आएगा। स्कूल-कालेज में पढ़ेगा। पिता की जगह आपका ही नाम दर्ज करवाया जाएगा। आप विश्वास रखें सिपाहीजी ! मैं जिन लोगों के बीच रहने आई हूँ, वे बिलकुल ही नए ढंग के लोग हैं। उनमें से कोई भी मेरे इन विचारों का बुरा नहीं मानेगा।

"असाढ़ के बाद अगर आपका जी करे तो अपने बच्चे को देख जाइएगा। दूसरी बार पत्र लिखूँगी, उसमें यहाँ का पता रहेगा।

"आपकी छाया में आठ महीने रही हूँ। मन-ही-मन आपको पिता और चाचा मानती रही हूँ और आगे भी वैसा ही मानती रहूँगी। मैं मजबूर थी, इसी से आपको धोखा दिया। सिपाहीजी, आप मुझे सारा जीवन याद रहेंगे।

—उग्रतारा"

कामेश्वर पलँग से उछलकर नीचे फर्श पर आ गया। आवाज़ लगाई—"उगनी ! ओ उगनी ! कहाँ गईं तुम ?"

"आई !" अगले ही क्षण वह सामने थी।

लपककर कामेश्वर ने उसे बाँहों में लेकर उठा लिया, बोला—"कितना अच्छा पत्र लिखा है तुमने ! इसे आज की ही डाक से रवाना कर दूँगा..."

भावावेग के मारे कामेश्वर से बोला नहीं जा रहा था। आँखें तरल हो आई थीं...

नर्मदेश्वर ने भी उगनी की पीठ ठोकी, कहा—"वाह, तुमने तो कमाल कर दिया ऊगो !"

भाभी अंदर आईं तो लपककर उन्होंने उस पत्र को तकिए पर से उठा लिया। जल्दी-जल्दी पढ़ गईं। बोलीं—"शाबास !"

वह उगनी के कान को लाड़ में उमेठकर कहने लगीं—"बाप रे, कितना दौड़ता है दिमाग तेरा ! यह चिट्ठी पढ़ेगा तो सिपाही दंग रह जाएगा ! सोचेगा..."

उगनी ने अपनी हथेली से भाभी का मुँह बंद कर दिया और भीगी निगाहों से नीचे फर्श की ओर देखती रही।